朝日新書
Asahi Shinsho 983

数字じゃ、野球はわからない

工藤公康

朝日新聞出版

はじめに

今、日本のプロ野球にしてもアメリカの大リーグにしても、野球界はさまざまな「数字」、いわゆるデータであふれかえっている。

球場に設置された「トラックマン（ボールを追跡して数値化する装置）」や「ホークアイ（映像をコンピューターグラフィック化する撮影装置）」などによって、投球したボールの回転数や軸の測定、打球の弾道の測定、守備時の選手の動きの追跡などが可能となり、より簡便に数値や指標、つまりデータが得られるようになっている。

その一端は、野球ファンも野球中継などで、投球のコースや球種、打球の軌道や速度の表示といったかたちで、ごく日常的に目にしている。「ロサンゼルス・ドジャースの大谷翔平選手の2024年シーズンの平均打球速度は154・2キロで、大リーグ2位」といった情報も、ネットで検索したら誰でも入手できる。

また、投手が「ラプソード（投球したボールの回転数や回転軸などを解析する装置）」の数値を見ながらピッチング練習をする、打者が「BLAST（スイング速度やスイング軌道などの計測機器）」を使ってバッティング練習をするといったことが、プロ野球に限らず、アマチュア野球でも当たり前のように行われている。

ここ10年くらいで、いわゆる「セイバーメトリクス（統計学的なデータ分析手法）」や「バイオメカニクス（投球や打撃の動作データを力学的に解析する手法）」という科学的アプローチが普及し、球団のフロントや監督、コーチ、選手だけでなく、野球ファンもより「数字」に注目するようになってきた。

もちろん、昔から「データ野球」はあった。野村克也さんの「ID野球」が有名だが、1980年代～90年代に「常勝」と呼ばれた西武ライオンズ（現埼玉西武ライオンズ）もデータ野球をやっていた。ただ、昔はスコアラーや選手などが目で見て情報を集め、手作業でデータ化していた。それがテクノロジーの発達によって、収集できる情報量が膨大になり、データの整理の仕方も多様になった。たとえば、今はごく普通に取り上げられているOPS（出塁率＋長打率）にしても、昔のプロ野球にはなかった打者の評価指標である。

さて、ここからが本題――。データを分析するだけで、試合に勝てるだろうか。あるいは投手や打者の体の動きや球質、スイング軌道などを数値化（可視化）するだけで、その技術やパフォーマンスが向上するだろうか。当然ながら、答えは「ノー」だ。

たとえば、得点との関係性が高いと言われているOPSが高い打者を単純に並べても、実際の試合ではなかなか得点に結びつかない。その時々の結果は、心身のコンディションなどを含むそのときの選手個々の状態、つまり「数字に表れない」部分に大きく左右されるからだ。データはあくまでも「過去の結果」に過ぎない。要は、さまざまなデータを踏まえたうえで、選手の「今の状態」を見極めることが監督やコーチの腕の見せどころになる。

私は福岡ソフトバンクホークスの監督時代、その日の打順を考えるときに大いにデータを参考にした。ただし、試合前のバッティング練習の「打球音」を聞くことも忘れなかった。状態のよい選手は、木製のバットで打っているにもかかわらず、金属のような非常に高く、乾いた音がする。逆に状態のよくない選手は、潰れたような低い音がする。この日で打球の強さや打球方向などを見て、この耳で打球音を聞いて、選手のその日の状態を確認し、最終的に打順を決めていた。

これはほんの一例に過ぎない。要するに、野球は数値化されない部分にこそ多くのヒントが隠されている。たとえば、ラプソードやBLASTを使った練習にしても「なぜその数値が出ているのか？」を考え、試行錯誤を重ねながら自分の「感覚」に落とし込んでいくことが重要なのだ。しかも、実際の試合での投手対打者においては、たとえば「読み」といった心理戦の部分が勝負を大きく左右する。

当たり前の話だが、野球の主役はあくまでも「今、ここでプレーしている人間」だ。そうである以上、野球のことは「数字」だけではわからない。だからこそ、野球は面白い。もちろん、チームが試合に勝つために、選手が成長するためにデータは重要である。しかし、より重要なのは「そのデータをどう活用するか」という、やはり人間の思考と行動のほうだろう。

本書では、そんな数字に表れない野球の面白さ、あるいは奥深さについて、今と昔の野球を比較しながら、思いつくままに私の野球観を記した。また、「今の科学的な野球が正しくて、昔の根性論的な野球は間違っていた」と思われがちな風潮、ある意味、短絡的な野球の見方に対する違和感も執筆の動機の一つになっている。本書が愛すべき野球ファンにとって、野球にあれこれ思いをめぐらすヒントになってくれたら幸いである。

数字じゃ、野球はわからない　目次

第2章　NPBはMLBを超えられる！

第3章　古くて新しい「配球」の基本

第4章 今、求められている監督・コーチ像とは？

第5章　培われた「プロ」としての野球観

おわりに

第1章

野球は進化しているか？

変化は進化か？

私は昭和、平成、令和にわたりプロ野球の選手、そして監督として野球の「変化」を体感してきた。ただ、その変化は野球の「進化」と言えるだろうか。

たとえば、西武ライオンズに入団した1980年代と福岡ソフトバンクホークスの監督だった2020年代では、選手のパフォーマンスに関するデータの量と質が明らかに違う。昭和にはスピードガンしかなかったが、今はトラックマンやラプソードなどがある。テクノロジーの進歩によって集められるデータの種類が格段に増えた。

野球ファンもその一端を目にしている。近年のテレビの野球中継では、球速に加え、ボールの回転数や軌道、球種別の投球割合、打者の打球スピードや打球角度、コース別打率などが表示される。

ただし、これはあくまでも計測機械の進歩だ。それがチームの戦術や選手のプレーにどう影響しているかというのは、野球中継を見ているだけではなかなかわからないだろう。

あるいは、野球ファンであれば、ピッチング理論やバッティング理論の変化も見聞きしているはずだ。わかりやすいのは「フライボール革命」だろう。一般的には、ダウンスイングでゴロを打つよりも、アッパースイングでフライを打ったほうがヒットの確率は上がる、という理論と理解されていると思う。

フライボール革命のように、昭和の野球で「常識」とされていた理論が「間違った技術」で、令和の新しい理論のほうが「正しい技術」と思っている野球ファンも多いのではないだろうか。

また、「2番打者最強説」というのもある。昔はバントやエンドランなど「小技」ができる打者を2番に置くのが常識的な戦術だったが、今は大リーグの影響もあって、2番に強打者を置く戦術も多くなっている。

データや理論、戦術にしても、その影響によって野球が変化しているとして、それを単純に進化と呼べるかどうか。なかなか難しい問題だ。

野球ファンならもっとわかりやすい変化を感じていると思う。たとえば、「昭和の選手に比べて令和の選手のほうが体が大きくなった」と感じる人は多いのではないか。私自身、プロ野球選手に限らず、野球教室で小学生を見るたび、「最近の子は体が大きくなっているな」と感じている。

数値の変化を見てみよう。2024年のプロ野球選手の平均身長は180・8センチ、平均体重は85・8キロ。平均身長は私が西武ライオンズに入団した1981年には、すでに180センチを超えていた。つまり、40年以上前から横ばいだ。一方、平均体重のほうは当時75キロ超だったから、今に比べて10キロほど細かったことは間違いない（24年の数字は編集部調べ、81年の数字は「日本人プロ野球選手の体格の推移〈1950〜2002〉」中山悌一、「体力科学」53〈4〉、443-453、2004年、一般社団法人日本体力医学会から）。

ただ、ロサンゼルス・ドジャースの大谷翔平選手のような身長190センチ前後、体重100キロ前後の体格の選手が昭和にいなかったかというとそうではない。たとえば、西武ライオンズで3シーズン一緒にプレーした私の17歳年上の田淵幸一さん。もっと昔の選手で言えば、400勝投手の金田正一さんやフォークボールで有名な杉下茂さんも大柄だった。平均ではなく、一部の選手を挙げたら「そんなに変わっていない」とも言える。

フライボール革命は本当に「革命」か？

プロ野球にしても大リーグにしても、投手と打者の対決に関しては、ある意味、とてもシンプルな「イタチごっこ」が行われている。

要するに、打者は、投手がどういう攻め方をしてくるかによって、それに対応するために打ち方を変える。それで打たれるようになってきたら、今度は投手がそれに対応して攻め方を変える。それで抑えられるようになってきたら、今度は打者が変える。それで今度は投手が……と、その繰り返しだ。

よく「歴史は繰り返す」と言うが、投手対打者も同じようなものだ。人と人との戦いは、結局そういうことになるのだろう。戦国時代の合戦でも、敵軍がどういう布陣でどんな攻撃をしてくるかによって、自軍の布陣をこう変えてこう応戦しようと考える。それで戦ってみて負けながら勝ちながら、いろいろ考えてまた変えていく。その繰り返しで、まさにイタチの追いかけっこなのだ。

大リーグでは2015年頃から「フライボール革命」が起こったと言われている。データ分析の結果、ホームランや長打になりやすいのは「バレルゾーン（打球速度158キロ以上、打球角度26〜30度）」を飛んでいく打球だとわかった。それで、「そういうフライボールを打ちやすいアッパースイングのほうがいい」となったわけだ。

ただ私には、フライボール革命は結局、投手対打者の抑え方、打ち方の変化の繰り返しの中で出てきたものに見える。その意味では、アッパースイング自体がまったく新しい打ち方ではないこともあって、そこまで目新しいことではないのかもしれない。そもそも大リーグでは、昔からアッパースイングの打者が多かった。大リーグは低めに投げてゴロを打たせようとするため投手はストレートでも変化球でも基本的に低めに投げる。それに対応する一つの方法がアッパースイングと言える。

そしてフライボール革命で、大リーグでは、ますますアッパースイングが打者の主流になった。そうしたら、ここ数年、投手がアッパースイングでは対応しにくい高めのストレート（フォーシーム）を投げて打者を抑えるようになってきた。

その投手の変化に対応するために、最近の大リーグの打者は、高めのストレートを「レベルスイング」で打つようになってきた。つまり、アッパースイングとレベルスイングを高低によって使い分けようとしている。こういう打ち方をアメリカの打撃理論では、投球の軌道の角度にスイング軌道の角度を合わせる「VAA（Vertical approach angle）スイング」と言うそうだ。しかし、スイングの軌道を瞬時に変えるのは、やはり難しい技術なのだろう。大リーグの打者は、まだ高めのストレートにうまく対応できていないように見える。

一方、日本では、昔から投手は「アッパースイングの打者には高めのストレートを投げろ」と指導される。打者も「高めの速いボール球には手を出すな」と指導される。

大リーグの投手でも、アッパースイングを見たら低めが打ちやすそうだとわかるはずだが、低めに投げ続けてきた。フライボール革命以降もそれは変わらず、ようやくここにきて、低めよりも高めのほうが抑えられるからと、高めのストレートを投げるようになってきた。それで今は、打者が高めのストレートにどう対応しようかと苦労している。

日本では、昔からダウンスイングやレベルスイングが指導の中心であった。しかし近年、低めに落ちる変化球を投げる投手が増えてきて、それにアッパースイングで対応する打者が増えてきている。それで高めのストレートに苦労するようになったかというと、私にはそう見えない。

その意味では、日本の打者はアッパースイングとレベルスイングの使い分けが大リーグの打者よりもうまいのだろう。

そもそもアメリカには日本の「配球」のような考え方があまりないのかもしれない。

配球に関して私は野村克也さんの本から多くを学んだ。野村さんは、配球で大事なのは「第一に打者を知ることだ」と言っている。打者のスイングや狙い球だけではなく、それまでの対戦結果や性格などもよく考えて投げる球を決めなさい、と。

つまり、日本の投手は基本的に「打者の打てない球」を投げる。それが配球なのだが、大リーグでは、基本的に「投手が投げたい球」を投げることが多い。捕手が変化球のサインを出しても、首を振り、自分がストレートを投げたかったらストレートを投げる。

もちろん、日本でも投手が変化球のサインに首を振ってストレートを投げるケースはある。ただし、それは基本的に「自分が投げたい球」だからではない。投手も捕手と同様、打者を研究していて、配球を考えたうえで「打てない球」と判断してストレートを選ぶのだ。

「2番打者最強説」は有効か？

日本では、昔からチームの強打者を「4番」に置く。プロ野球の監督でも「打順はまず4番打者から決める」という人が多いようだ。

私は監督時代、「7番打者」をポイントにしていた。データを分析してみたら、塁に走者がいる状況で最も多く打順が回ってくるのが7番とわかったからだ。7番打者や4番打者の固定にもこだわらなかった。私が重視したのは「打線のつながり」だ。だから相手投手との相性や打者の調子などによって、「日替わり」をいとわず頻繁に打順を入れ替えた。

常に考えていたのは「投手が嫌がる打線」だった。つまり、投手にプレッシャーのかかる打線。「こいつを抑えても、次はこいつかよ、その次もこいつかよ」と思うような打線にしたいと、毎試合考えていた。

大リーグでは、強打者を「2番」に置くチームが少なくない。近年、よく言われるようになった「2番打者最強説」だ。

昔から日本で2番と言えば、送りバントやヒットエンドランなど小技が得意な選手が入る打順と思われている。今はプロ野球の2番打者もあまり送りバントをしなくなっているし、強打者を2番に置くチームもある。たとえば、24年の横浜DeNAベイスターズは、オースティン選手（打率3割1分6厘、本塁打25本）か牧秀悟選手（打率2割9分4厘、本塁打23本）を2番に入れていた。ただ、2番＝小技のイメージはいまだに強い。

2番に強打者を置くのは、早い段階での得点や投手の立ち上がりの攻略、チームのバッティングの状況を踏まえた戦術ではないだろうか。初回に1番打者が出塁し、2番の強打者がホームランを打てばいきなり2点入る。そうなれば、相手チームに強いプレッシャーを与えることができる。

また、2番打者最強説の理由には、9回ある攻撃の中で1、2番は、たとえば9番よりもほぼ確実に打席が1回多く回ってくるから、その打順が強打者であれば、より多くチャンスを作ることができるという単純計算もある。プロ野球のデータで言えば、年間の打席数は1番打者から打順が1つ下がるごとに15打席前後、少なくなっていく。

それなら「2番打者最強説よりも1番打者最強説のほうがいいんじゃないか」とも思えるが、やはり初回に1番が出塁して、ランナーがいる状況で2番の強打者を迎えるほうが投手にプレッシャーがかかる。それによって3、4番の強打者にもつながりやすくなり、より得点に結びつけやすくなるというのが2番打者最強説の理屈だ。

このように改めて考察してみると、2番打者最強説にしても4番打者最強説にしても、じつは「1回以降は関係ない」ということがよくわかる。

私がポイントとしている7番打者においても、2番打者最強説で1番打者の出塁が大事なのと同様、6番打者の出塁が大事になってくる。

ただ、6番が出塁しても7番でチャンスが潰れる場合もある。要するに、打順というのは監督の「願望」に過ぎないとも言える。毎試合、監督がイメージしている通りに打線がつながったら143勝できるだろうが、そんなことはありえない。

それだからこそシーズン中、何番にどれだけチャンスが回ってきたか、どの打順で終わりやすいのかといったデータをきちんと取っておくことが大事になる。

すると、たとえば「今の打線のつながりだと、9番が出塁したときの1番もしくは2番が大事だな」ということがわかったりする。そういうときに私は、2番に強打者を入れるようにした。

「野球は臨機応変でなくてはいけない」というのが私の根本的な考え方だ。2番打者最強説や4番打者最強説においても、やはり選手の調子や投手との相性などによって変えたほうがいいものだと思う。

先ほど「打順は監督の願望」と述べたが、データなどに基づいて臨機応変に打順を変えることは、やはり試合に勝つ確率を上げるための「準備」や「戦術」と呼ぶべきものだろう。

ちなみに、私は監督時代、打順と同じように、先発投手のローテーションも臨機応変を大事にしていた。

投手には得意、苦手がある。打者に対してだけでなく、球場にも得意、不得意がある。たとえば、同じチームが相手でも、ホーム球場かビジター球場かの違いだけで防御率や与四死球率がよくなったり悪くなったりする。

そういうデータも踏まえて、可能な限り得意なチーム、得意な球場で投げさせるようにローテーションを調整した。苦手なチーム、苦手な球場での登板をゼロにすることは難しいが、たとえば、交流戦やオールスターゲームにともなう数日間の試合日程の空きを利用して、先発投手のローテーションを組み直していた。

先ほど述べたように、どうやって試合に勝つ確率を上げていくか、それを徹底的に考え、実行するのが監督の仕事だ。

交流戦やオールスターゲーム後のローテーション変更については、先発投手たちに少なくとも1カ月前から伝えておいた。そうすることで、変更後のローテーションに合わせたコンディショニングを本人たちもしっかり考えて、準備することができるからだ。

大谷選手まで「二刀流」がいなかったのか？

大谷選手がロサンゼルス・エンゼルス時代に残した「二刀流」の記録は「ベーブ・ルースの記録を更新」と話題になった。ベーブ・ルースは1914年から1935年まで活躍した大リーガーだ。つまり、大リーグでも二刀流で活躍した選手はベーブ・ルース以来、100年もいなかったということだ。

日本のプロ野球に大谷選手以前、二刀流の選手がいなかったかというとそうではない。有名なのは、1936～37年に首位打者と最優秀防御率のタイトルを獲得した阪神軍（大阪タイガース、現阪神タイガース）の景浦将《かげうらまさる》さんだ。景浦さんは投手と主に三塁手を務めた。

金田正一さんも通算38本塁打（うち代打で2本）とバッティングもよかったので、大谷選手のように二刀流で活躍できたかもしれない。しかし、金田さんは投手に専念した。

他にもバッティングがよかったピッチャー、あるいはピッチングがよかったバッターはいたはずだが、目立った成績を残した選手は景浦さんくらいである。ただ、このように過去を遡れば、「二刀流」のポテンシャルを秘めた選手がいたということである。

「試合で使えるデータ」は昔も今も変わらない

ひとくちにプロ野球の「データ」と言っても、さまざまな種類のデータがある。大きく分けると3種類になるだろうか。一つは「選手の成績に関するデータ」だ。

昔からある選手の成績を表す数値としては、打者なら打率、本塁打、打点、投手なら勝利数、防御率、奪三振数といったところだ。今は選手の成績の評価指標に「OPS」「FIP（被本塁打率と与四死球率と奪三振率を組み合わせて計算する投手の指標）」「WAR（打撃、走塁、守備、投球を総合的に評価して選手の貢献度を表す指標）」などがある。

こうした選手の成績に関するデータは、主として、いわゆるチーム編成において必要な選手を判断する際や球団が選手の年俸を提示する際に使われる。私は監督時代、OPSやwOBA（得点貢献率）、四球率、出塁率を、打順を決めるときの参考にしていた。

二つ目は「試合で使えるデータ」だ。当たり前だが、打率にしてもOPSにしても、その打者が今日の試合、あるいはこの打席で打つ、というデータではない。あくまでも「過去の結果」を表す数値だから、たとえば「今日の試合の配球」にはほぼ関係ない。関係があるのは、たとえば「今の調子」を表すデータ（直近の3試合の打撃内容＝芯に当てているか、詰まっているかや落ちる球種への反応の良し悪しなど）で、ＯＰＳがどんなに高い打者でも調子が悪ければ、抑えられる確率は高い。もちろん、長打があるかないか、選球眼がいいか悪いかといった傾向は、配球にも関係してくるが、その正確な数値までは必要ない。

「試合で使えるデータ」というのは、たとえば、各打者の打球方向のデータだ。これは守備シフトの参考になる。昔はスコアラーが目で見て手でまとめていたが、今はホークアイやトラックマンなど便利なツールが導入され、はるかに多くのデータを収集・解析できるようになっている。

日本のプロ野球では、あまり極端な守備シフトを敷かないが、大リーグではそれが普通になっていて、定位置ならヒットという打球がよく楽々アウトになる。大リーグの打者が守備シフトの裏をかくような打ち方をしないことが極端な守備シフトが成功する大きな理由だが、加えて、打球方向に関するデータ解析の精度も上がっているからだと言える。

投手対打者で言うと、配球に関するデータが「試合で使えるデータ」ということになる。これも今はトラックマンなどによって大量のデータが収集・解析されるようになっている。

ただし、実際に配球に役立つデータとなると、その項目自体は昔も今も変わっていない印象だ。

プロ野球において、初めてデータ活用を前面に出したのは、90年にヤクルトスワローズ（現東京ヤクルトスワローズ）の監督になったときに「ＩＤ（import data）野球」を提唱した野村克也さんだろう。野村さんは自分で取ったデータを分析して、たとえば、相手打者の好きなコース、嫌いなコースはもちろん、球種に山を張るのか、コースに山を張るのかなど、打者をタイプ分けして、正捕手だった古田敦也くんを中心に「配球」を指導した。相手投手についても同様に、状況別やカウント別にこういう球を投げてくるというタイプ分けなどをして、打者には「狙い打ち」を指導した。

その１９９０年代の「野村ＩＤ野球」で配球に使われた打者の傾向を示すデータと今のバッテリーが配球に使うデータとに、目立った違いはないはずだ。

前述したが、私は配球に関する多くのことを野村さんの本から学んだ。現役時代は先発で投げる日までに、対戦相手の直近3試合のビデオを見て、各打者の傾向（今の調子や打ってくるカウントや球種、打球方向など）を自分でデータ化していた。それにすでにデータ化してある前回までの自分との対戦時の傾向やスコアラーの分析データを加味して、事前に各打者への配球をシミュレーションした。そのうえで、試合中は打席ごとに打者の反応を見ながら、配球を組み立てていた。そういう中で最も参考になったのは、野村さんのデータを活用する配球理論だった。それは自分の監督時代も変わらなかった。

また、選手は試合中の自分のデータを見ることで、自分のピッチングやバッティングの傾向を知ることができる。そういうデータは、自分のよくない部分の修正に役立つから、これも「試合で使えるデータ」と言える。

三つ目は「選手の身体能力を向上させるためのデータ」だ。近年は選手の練習やトレーニング、コンディショニングなどの数値目標もデータとして示されており、それを行った結果もデータ化されるようになっている。

たとえば打者で言えば、バットのスイング速度を上げるための筋力トレーニングのメニューと数値目標があり、それを行った結果について、筋力の変化とスイング速度の変化がデータとして示されるという具合だ。打球速度や打球角度の数値目標を設定して、トラックマンや動作解析システムを使ってデータや画像を見ながら、バットスイングを修正するといった練習も行われている。

投手で言えば、ラプソードで投球の回転数や回転軸、変化球の曲がり幅や方向などを測り、投球動作の動画も見ながら投げ方を修正していく、というような投球練習が普通に行われている。動作解析システムを使い、投球時の全身の力の伝わり方をデータ化して確認するといったことも行われている。

こうしたデータやツールを使った練習やトレーニングによって、選手は自分の身体能力をより効率的に伸ばせるようになっているし、体の使い方のコツもより効率的に身につけられるようになっている。

しかし、それが実際の試合で、いいバッティングやいいピッチングにつながり、1試合だけでなく、1年を通して、あるいは何年も続けていい成績が残せるようになるかというと、やはり話は別になる。

選手にとって本当に必要なのは「自分の身体能力をどうしたら試合の中で活かせるか」という自分がプロ野球選手として活躍し続けるためのいわば方法論だ。投手なら「自分はこうやって投げれば打者を抑えられる」ということであり、打者なら「自分はこうやって打てば投手を打ち崩せる」ということだ。

そういう自分に合った方法論を選手が見つける手助けをするのが、監督やコーチの重要な役目になる。さらに選手が試合の中で、自信をもってその方法を実践できるかどうかも、監督やコーチのアドバイスの仕方にかかっている。

あるいは「試合で活躍し続けるためには、こういう身体能力を高めなければいけない」というアドバイスが必要な選手もいる。

要するに、大量のデータや便利なツールがある今の時代においては「どうやってそれを活かすか」を選手が考える以上に、監督やコーチが考え、説得力をもって選手に伝えていくことが求められている、ということだ。

なぜ「投高打低」になったのか？

今のプロ野球は「投高打低」と言われている。たとえば、24年のパ・リーグの3割打者も福岡ソフトバンクホークスの近藤健介選手だけだった。14年には3割打者が7人いた。私が西武ライオンズで、防御率のタイトルを獲得した85年には、同年の三冠王の落合博満さんを筆頭に3割打者が10人いた。

ただし、「私が今、現役だったら、抑えるのが難しいだろうな」と思う好打者は近藤選手のほかに何人もいる。

一方で、24年シーズンの防御率1点台の先発投手は中日ドラゴンズの高橋宏斗選手（防御率1・38）を筆頭にセ・パ両リーグ合わせて6人もいた。私が1位だった85年の防御率2・76だと、かろうじてパ・リーグのベスト10に入るくらいだ。

なぜ、投高打低になったのか。今は昔よりも多くの投手がいろいろな変化球を投げるようになった。なかでも、フォークボールとチェンジアップは、昔は投げる投手があまりいなかった。今はフォークかチェンジアップを投げる投手が格段に多くなって、その両方を投げる投手も少なくない。

しかも走者が出ても、フォークかチェンジアップで勝負をする。この落ちる球、特にフォークに今の打者が対応しきれていないのが、投高打低の一つの要因だろう。

基本的に打者はフォークを狙わない。狙い打ちの確率はゼロではないが、かなり低い。単純に打つのが最も難しい球だからだ。その意味では、これからも対応できず、投高打低は続く可能性がある。

ところで、投高打低の野球は面白くないのだろうか。

野球ファンの中には、がんがんホームランを打ち合うような打撃戦が好きだという人は多いと思う。1対0のピリピリした投手戦が好きだというファンもいるだろうが、やはり8対7の「ルーズベルト・ゲーム」を面白いと感じるファンのほうが多数派だろう。

私は、自分が投手ということもあって、投手がしっかり打者を抑える試合が好きだ。とりわけ勝つための野球においては、野球ファンからすると、もの足りないかもしれないが、守りがしっかりしていることが非常に大事だと考えている。

勝つための野球とファンに喜んでもらえる野球は違うのかもしれない。

鍵はフォーク対策

フォークは、基本的にストライクからボールになる球なので、できれば打ちにいかないほうがいい。ボール球は、ストライクの球に比べてヒットになる確率が低いからだ。

つまり、フォークへの基本的な対応は「なるべく振らない」ということになる。言うは易しだが、実際にやろうとするとこれがかなり難しい。

フォークはある程度速い球なので途中までストレートに見える。そういう球を振らないためには、瞬間的に「落ちた」と見極められる動体視力や「落ちた」とわかった瞬間にスイングを止められる技術がなければいけない。しかも、ある程度スイングスピードが速くなければ、ストレートかフォークかを見極める時間的な余裕をつくれない。だからほとんどの打者が「ストレートだ」と思ってフォークを振ってしまう。

だからといって「低めの球を全部捨てる」となると、低めに来るストレートも打てなくなってしまうため、この対応には無理がある。

要するに、打者にとってのフォークは、基本的に「ストレートが来た！」と思ってスイングして、空振りした後に「あっ、落ちたんだ」とわかる球だ。

近藤選手のように、変化球でもポイントを近くして逆方向に打つのが上手い打者なら、ある程度フォークにも対応できそうだが、近藤選手もフォークを空振りしてしまう。やはりフォークは打者にとって最も対応が難しい球なのだ。

「新しい変化球」はない！

先ほど「今は昔よりも多くの投手がいろいろな変化球を投げるようになった」と述べた。

野球ファンもここ10年ほどで変化球の球種が増えたという印象を持っているだろう。

しかし、本当に昔はなかった新しい変化球が出てきたのだろうか。私の目には「昔からあった変化球の呼び名が変わっただけ」にも見える。

私が思うに、新しい変化球は出てきていないのではないだろうか。強いて言えばワンシームだが、変化の仕方はツーシームとたいして変わらない。そのツーシームでさえ、球筋的には昔なら「シュート」と呼ばれていただろう。

たとえば、投手本人が「この球はパワーカーブです」と言えば、その呼び名になるが、見る人が見れば一般的な「カーブ」、あるいは昔で言う「ドロップ」の球筋とほぼ同じだ。今は「カットボール」と呼ばれている変化球も、昔「ちょいスラ」と呼ばれていた球筋と一緒だ。

ただ今と昔を比べると、多投される球種は変わってきた。たとえば、今はフォークやチェンジアップを投げる投手は多いが、昔は少なかった。今はパームボールを投げる投手は少ないが、昔は多かった。そういう変化はある。

また大リーグの場合、フォークを投げるピッチャーが少ない。昔、フォークを投げる投手の肘の故障率が高かった影響だ。アメリカでは子どもの頃からフォークはダメ、チェンジアップを投げるように指導される。

しかし、最近は大リーグでもフォークを投げるようになってきている。ＷＢＣや大リーグで、日本人投手がフォークで強打者を抑えてきた影響もあるはずだ。

今の若手投手の球種が多い理由

私は高校時代、カーブとストレートしか投げなかった。周りにもフォークを投げる投手はほとんどいなかった。今の高校野球の投手はその頃に比べ、いろいろな変化球を投げるようになっている。

高校生の投手の球種が増えた理由の一つには、高校野球の中で、打者をストレートとカーブやスライダーだけで抑えるのが難しくなってきたことが挙げられる。今は高校のバッティングマシンでも、１５０キロ超の豪速球、カーブやスライダーが投げられる。それに慣れた打者への対応策として投手の球種が増えてきたのだろう。

もう一つの理由として、少年野球の「変化球禁止」のルールの影響も考えられる。変化球が投げられないとはいえ、同じ球筋のストレートだけで抑えるのは難しい。そこで今の小学生の投手は、「ボールの握りを変えてストレートを投げる」ということを当たり前のように覚えていく。たとえば、ツーシームのような握りで、ストレートだけど少し変化するという球を投げられるようになる。

そして中学生、高校生になって、変化球を投げていいとなると、スライダーやカットボール、チェンジアップ、フォークボールなどを練習するようになる。小学生の頃から投げているストレートに近い投げ方で変化する球種だからだ。こういう球種の増やし方を続けていくので、結果的に変化球の球種は多くなる。

また今の若い投手たちは、YouTubeやSNSの動画を小学生の頃から見ているので情報の蓄積がある。そこで知ったいろいろな変化球の技術も、小学生の頃から、試合では変化球を使えないにしても、練習の中では自分で試してきたはずだ。

中学生から硬式野球に進む選手が増えてきている影響もあるだろう。硬式球のほうが軟式球よりも変化が大きいので、小学生の頃からいろいろな変化球を投げる練習をしていたら、中学生の頃には変化球の面白さに目覚めている可能性が高い。

その意味では、今の若い投手たちのほうが昔よりもいろいろ考えて変化球に取り組んでいると言えそうだ。

それでもカーブは難しい

昔の少年野球は変化球禁止ではなかった。しかも小学校、中学校、高校にとどまらず、プロ野球でも「とにかくストレートとカーブ」と言われていた。だから小学生のときにカーブを覚えて、それを中学、高校とずっと投げていた。

カーブは、握りはもちろん、指の使い方だったり手首の角度だったり、ストレートとは違う投げ方をしないと変化しないし、コントロールするのが難しい。だからカーブ独特の投げ方のコツや感覚をつかむ必要がある。

ストレートに近い投げ方で変化する球種を覚えてきた影響だろう、昔と比べて、今の高校野球でカーブを投げられる投手は少なくなっている。今のプロ野球でもカーブを投げられる投手は少ない。

カーブには大きく分けて「抜くカーブ」と「切るカーブ」がある。前者は親指と人差し指や中指の間から球をスポッと抜いてリリースする。後者はリリースの瞬間にパッと親指と人差し指や中指ではじく（いわゆる指パッチンのような指使い）。こういう切るカーブは、昔で言う「ドロップ」のような球筋になる。曲がってから速度を増してギューンと落ちていくイメージ。私のカーブも切るカーブだ。抜くカーブもそうだが、切るカーブは手首の使い方や指の感覚など、先述した独特なコツや感覚を養っていく必要があるため、習得が難しい。

こうした点では、オリックス・バファローズの左のエース・宮城大弥選手が投げる「スローカーブ」、80〜90キロ台の斜めのカーブはたいしたものだ。あの球を打者が一瞬、「おっ、速い」と思うくらい腕をしっかり振って投げるのは相当な技術だ。

腕の振りを緩めたら、その瞬間に打者はカーブと判断し、簡単に打たれる。ストレートを投げるときと同じように腕を振って球を抜き、80キロ台、90キロ台のカーブをコントロールよく投げるから打たれない。私には真似できない独特の技術を宮城選手は持っている。

カーブを操れる投手が増えてきたら、今後も投高打低が続く可能性はさらに高まるのではないだろうか。

昔はなかった「情報公開」の効果

私は宮城選手くらいの年齢の頃、ピュッと曲がるカット系やツーシーム系の球が欲しかったが、うまくできなかった。今の若い投手にはその手の球を投げる投手が多い。もしかしたら、昔の投手よりも今の若い投手のほうが、そういう変化球を投げるための指先の感覚や器用さを持っているのかもしれない。

しかし、切るカーブを操る投手は少ない。その点を考えると、変化球を覚える能力は昔の投手も今の投手もトータルでは大きく変わらないと言える。

ただし、今の能力の高い投手のほうが、昔よりもいろいろな変化球を操れるようになっていることは間違いない。

それは、やはり情報が格段に増えたおかげだろう。たとえば、YouTubeでサンディエゴ・パドレスのダルビッシュ有選手やデトロイト・タイガースの前田健太選手などが「握りはこうで、こういう感覚で投げる。ここを少し変えるとこう変化する」といったことを盛んに発信している。今の若い投手は、その手の情報に事欠かない。

情報が多いので、「あっちではこう言っているのに、こっちではこう言っている。どっちが正しいの？」などと迷うこともあるだろうが、とりあえず自分でやってみたら結果は出る。そういうことを繰り返しているうちに「思った通りに曲がった」などと、操れる変化球を増やしているはずだ。

昔は自分の技術を隠す投手が多かったが、今は積極的に公開してくれる。この差は変化球を覚えるうえで大きいと思う。

私は現役時代から、「カーブはどうやって投げるんですか？」と聞いてきた投手には、包み隠さずに自分の投げ方を教えていた。教えたからと言って、自分のものにできるとは限らない。結局はその選手の努力によるものだ。教えというのは、あくまできっかけやヒントだと私は思っている。

「いい打者」はデータだけで育たない

今は、各球団にデータアナリストがいる。監督やコーチ、選手が望めば、いろいろなデータが出てくる。ただ当たり前だが、ピッチングにしてもバッティングにしても、なぜ選手の調子が悪くなったのか、どうすればそれを改善できるのかということは、データを分析しただけではアドバイスも難しい。つまり、データだけで選手をよくすることはできないのだ。やはり、どういう傾向が出てきたら調子が悪いのかを見極め、それを改善するためにどんな練習をしたらいいのかを選手にアドバイスするのは監督やコーチの役目だ。選手のデータを生かすも殺すも監督やコーチがどう理解するかということだ。

昔がここまでデータというものが身近になかったこともあるかもしれないが、今はデータの理解の仕方次第で、練習の仕方が変わる時代と言える。一方、多くの監督やコーチは、自分の経験や感覚をもとに選手の調子を判断し、アドバイスをしてきた。それがデータを活用することで、これまでと異なる判断やアドバイスをする、ということが起こり得る。その変化によって、よくなる選手もいれば、悪くなる選手もいるだろう。

要するに、今の時代、監督やコーチに求められているのは、データと自分の経験や感覚を結びつけ、データと選手を結びつけることだろう。

データを選手の練習やトレーニングに結びつけるには、データのことも選手のことも練習やトレーニングのことも理解できている監督やコーチの存在が必要だ。そういう存在がいなければ、どんなにデータがあっても活用することは難しい。

打者の場合、バットスイングの速度を上げて、打球速度を上げれば「いいバッター」になれるということはない。それほどスイング速度や打球速度がなくても、高いミート力によって、3割を超える打率を残す打者はいる。

そういう打者は、ホームランは年に数本かもしれないが、選球眼もよく、フォアボールを多く選んで出塁し、得点のチャンスを広げてチームに貢献する。そういう役割に徹することで、プロ野球選手として長く活躍し続ける打者は昔も今もいる。

要するに、チームが勝つために必要な打者が「いいバッター」ということだ。たとえば、OPSの高い打者は「いいバッター」だが、その中身、長打率が高い打者だけでなく、出塁率が高い打者も「いいバッター」なのだ。

スイングや打球が速く、20本、30本とホームランを打てる打者だけを「いいバッター」と、固定観念でとらえるのはやはり違うと思う。

一軍のプロ野球選手といえども、体の小さい打者もいるし、ホームランを打たない打者もいる。彼らが一軍で活躍できるのは、優れた能力があるからだ。それを考えたら、たとえば二軍の監督やコーチは、打者の短所（長打力がないなど）を見るのではなく、基本的に打者の長所（ミート力があるなど）を見てどんどん伸ばしていく育て方をしたほうがいい。

「ユーティリティープレイヤー」が重視される理由

プロ野球の野手に関しては、近年、内野と外野の両方のポジションを守れる「ユーティリティープレイヤー」が重視されるようになってきた。昔は完全にポジションを変える「コンバート」というかたちが多かった。たとえば、80〜90年代「常勝」時代の西武ライオンズで言うと、秋山幸二さんがレギュラーとしてサードからセンターにコンバートされて活躍し続けた。

ユーティリティープレイヤーを起用する、あるいは育てる理由は、各チームの監督の考え方によって多少の違いがあるだろう。

「レギュラー選手がケガしたときなど、交代要員として使いやすい」「レギュラー選手と競わせたい」「このポジションのレギュラーをつくりたい」「その時々で調子のいい三拍子そろった選手を使いたい」「いろいろなポジションを守れる選手のほうが、より多くの場面で使える」といった理由が考えられる。

私も2015年に福岡ソフトバンクホークスの監督に就任して、すぐに「ユーティリティープレイヤーをつくりたい」と思い、その育成を始めた。私の場合、第一の目的は「選手たちを競わせてレギュラーをつくっていく」ということだった。

私の監督としての最大の目標はホークスを「V10を狙える常勝チーム」にすることだった。そのためには、競争の中で選手の成長を見守っていきながら、結果が出た選手を最終的にレギュラーにしていく、というチームの強化の仕方が必要だと考えた。競争の結果、一つのポジションにレギュラーが生まれたら、また違うポジションで選手たちを競わせてレギュラーをつくっていく。

要するに、チーム内にそういう競争があることによって、「レギュラーポジションは与えられるものではなく、自分で勝ち取るものだ」という意識が選手たちに根付いていくわけだ。すると、選手は「レギュラーになるためにはどうしたらいいか」を自ら考えるようになり、懸命に練習に取り組むようになる。そうやって自ら率先して練習する選手たちの集団でなければ、常勝チームにはなりえない。

そういうレギュラー争いにより多く参加できるのが、いろいろなポジションを守れるユーティリティープレイヤーだ。裏返して言うと、選手たちは、いろいろなポジションのレギュラー争いに参加しているうちに、ユーティリティープレイヤーになっていくわけだ。

もちろん、こういうユーティリティープレイヤーをつくる意味合いについて、コーチとも選手とも話をした。当然、「一つのポジションで頑張りたい」という選手には、無理強いをしなかった。

「一軍にいられるなら、どこでもやる」「このポジションができるようになったら、他のポジションもできるようになりたい」など、そういう意欲を示した選手にだけユーティリティープレイヤーに挑戦してもらった。

まさに、福岡ソフトバンクホークスの牧原大成選手や周東佑京《うきょう》選手は、こうした育成方針のもとでユーティリティープレイヤーとして花開いた代表格と言える。

「故障」の責任を明確化する時代

昔は、監督やコーチも「痛いとか痒いとか言ってないで試合に出ろ」という感じだった。今は「今日は出場させないほうがいい」や「1週間、休ませよう」など、選手のコンディションを常に見ているトレーナーの判断を監督やコーチが尊重するようになっている。

これは球団の方針に基づいている。そのためトレーナーは、故障を抱えている選手を試合に出場させるなら、きちんと説明しなければいけないし、もし選手がケガをしてしまったら、責任を取らなければいけない。それもあって監督やコーチは基本的にトレーナーの言う通りにする。

今のプロ野球チームは、昔と違って部署がきちんと分かれている。トレーナーの部署ならその仕事に関して、コンディショニングの部署ならその仕事に関して責任を取る。もちろん、チームの勝ち負けに関しては監督が責任を取る。その意味では、監督とトレーナーとコンディショニングの担当者は同等と言える。

このようなシステムが「持病を抱えながらも試合に出たい選手」にとってやりやすいのかやりにくいのか。議論もあるだろうが、選手生命に関わるような故障を予防するという意味では、好ましい変化なのだろう。

故障しない投げ方はまだ解明されていない

昔から投手は肘や肩の故障に悩まされている。残念ながら、それを完全に防ぐ方法は、いまだに医科学的に確立されていない。裏返して言うと、「こういう投げ方をしたら必ず肘や肩が壊れる」ということも医科学的に断言できないのが現状だ。

ただし、肘や肩を壊す可能性の高い投げ方というのはある。最近、プロ野球でも上半身に頼った投げ方をしている投手を見かけるが、そういう投げ方は肘や肩を壊す可能性が高い。やはり下半身主導のほうが肘や肩の負担は少ないと言える。

実際、プロ野球で長年投げ続けることができた投手の多くは下半身主導で動いている。

私自身も、この下半身主導の投げ方を目指し、追求をしてきた。誰かに「この投げ方がいい」と指導されたものではない。自分でピッチング練習をしている中で、「もっと効率のいい投げ方はないか」と、他の投手に話を聞いたりもして、いろいろ試しながら、自分にとってベストな体の使い方を突き詰めていく過程で、そういう投げ方にたどり着いた。

また、私は大学院の研究で、モーションキャプチャー（運動解析）やフォースプレート（床反力計）を使って、アマチュア投手のデータを取ったことがある。その研究でも、上半身に頼るよりも下半身で出力を出す投げ方のほうが肩や肘に負担がかからないという結果が出ている。

下半身主導の投げ方とは、ごく簡単に言うと「腕を振らず、腕が振られるように投げる」ということだ。たとえば、投手は登板直後に肩や肘だけが張るのではなく、全身の筋肉が張るほうが肩や肘に負担のかからない投げ方をしているということになる。

ただし、私の肘も結局は変形性関節症で曲がらなくなってしまったように、どんなに「いい投げ方」をしていても、長く投げ続けたら、肘や肩をまったく壊さない投手はいないのかもしれない。

コントロールに対する意識の変化

昔は、コントロールのよい投手が「いいピッチャー」と言われていた。しかし、今は「スピードが速い＝いいピッチャー」というイメージが作られている印象だ。

だからだろう、昔に比べて、今はコントロールが軽視されているように感じる。そういうプロ野球選手の多くはアマチュア時代、150キロ超のストレートを投げられたらプロに入れるだろう、だから球を速くする投げ方を身につけよう、体の鍛え方をしよう、そんなふうに考えて練習しただろうし、周りからもそう言われていたはずだ。

プロ野球に入ってからも、球のスピードを追い求めるあまり、コントロールがよくならない。確かに体力をつけて、並進運動と回転運動の連動がうまくできれば、速い球は投げられるようになる。しかし、球を速くする投げ方、体の鍛え方でコントロールを身につけるのは、ほぼ不可能だ。だから多くの投手が、どうしたらコントロールがよくなるのかで苦しんでいる。

コントロールが悪い投手はプロ野球では活躍できない。スピードはそのまま数字に表れるので評価しやすいが、コントロールの評価はどうか。数字としては今のところフォアボールの数しかない。だからフォアボールを出さない投手がコントロールがいいと思われがちだ。

確かに、速い球をストライクコースに決めて打者を抑えて、フォアボールを出さずに勝てるピッチャーもいる。ただし、それがイコール、コントロールがいい投手かというと、そうではない。

投手の本来の技術は何かと言えば、やはりコントロールだ。インコース、アウトコース、高め、低め、ストライクからボールに、ボールからストライクにと、自分の思い通りに球を投げられることが、投手にとって一番大切な技術だ。

この球を自在に操る技術は今のところデータとして可視化されていない。たとえば、昔の投手ならイメージできた「外の出し入れ」がデータ化されていないから、今の投手はそれがどういうことなのか、理解が難しいのだろう。

ボールの速さは「球速」ではない

昔に比べて「球の速い投手が多くなった」とよく言われる。たとえば、読売ジャイアンツのエースで往年の速球投手の代表、江川卓さんの現役時代、ストレートのスピードガン表示は140キロ台が中心だった。今は常に150キロ台を出す投手がたくさんいる。だからといって、「今のほうがすごい」という話にはならない。

数字でいえば、計測機器の性能や測る位置（リリース直後かベース付近かなど）の違いがあって、今の技術で当時の映像を分析すると、江川さんの球速は158キロになるそうだ。こうした数字がなくても、現場にいた私に言わせれば、江川さんの球はやはり速かった。

私はセ・リーグの読売ジャイアンツ、横浜ベイスターズ（現横浜DeNAベイスターズ）で何度も打席に立ってプロ野球の投手の球を見たことがある。球速150キロ台でも速く感じない投手もいた。当時でいえば、中日ドラゴンズの山本昌投手が投げる130キロ台のストレートのほうが速く感じた。

何をもってバッターは「速い」と感じるのか。多くの人が計測機器で測った球速の数字にこだわるけれども、バッターにとっての速さは、「球速が速い＝速い」ではないのだろう。ただし、現役選手に「あのピッチャーは速いですか、遅いですか」と聞いたら、みんな「スピード表示の通り、速いですよ」と答えるはずだ。「あのピッチャーは表示のわりに遅いですよ」とはおそらく言わない。仲間うちでは言うだろうが、表には出さない。それは投手に対する礼儀だ。

速く見える・見えないを決めている要素については、ボールの回転数の多さがよく指摘される。回転軸との関係もある。回転の軸の上下、前後のズレによって、ボールは曲がったり落ちたりする。直進しなければ、いくら回転数が多くても速く見えない。

また、「前で投げている」や「手が遅れて出てくる」といったフォームの違いによっても速く見えたり、遅く見えたりするのだ。

コントロールをよくする方法

プロ野球の投手でもコントロールに悩んでいるケースは多い。しかし、「こうすれば誰でもコントロールがよくなる」という万能薬的な投げ方の秘訣はない。だからこそ多くの投手が苦しんでいる。

コントロールがいい投手を言い換えると、「投げる動作の再現性が高い投手」ということになる。体の動きの再現性を高めるには反復練習するしかない。つまり、たくさん投げるしか方法はないということだ。

もちろん、コントロールをよくする投げ方のコツはいろいろと言われている。たとえば「投げる手の反対の手（グローブ）を投げたい位置に向けて投げる」や「下半身を安定させるとコントロールがよくなる」といった具合に。

よく「首を振るな」「頭を動かすな」とも言われる。基本的に人間は投げたい方向を見て投げる。投手であれば、当然捕手のほうを見て投げる。つまり、投球動作中に頭を動かすと、捕手が見えにくくなるので、コントロールが悪くなるという理屈だ。

理屈としては通っているのかもしれないが、反対の手の使い方にしても何にしても、それをやったら必ずコントロールがよくなるという話ではない。その方法がハマる投手もいれば、ハマらない投手もいる。

つまり、投手はそれぞれ違う投げ方をしているので、コントロールが悪い原因も一人一人異なり、その改善法も一人一人異なるということだ。要するに、投手一人一人の特徴を見極めないと、その投手に合ったコントロールをよくするコツは見つからないのだ。

しかも、何かコツを見つけたとしても「その場でやってみたらよくなった」では済まないのが投手のコントロールだ。やはり反復練習を続けない限り、本当のコントロールは身につかない。

コントロールを改善する場合、なかには、ある動きを意識するだけでよくなる投手もいるが、一方で、根本的な部分から直さなければいけない投手もいる。たとえば、下半身と上半身の連動性を高める練習やトレーニングが必要になるといったケースだ。

コントロールが悪い原因がそうした体の動き自体にある場合には、これまでと違うコントロールがよくなる体の動きを意識的に作っていかなければいけない。そのためには、たくさん投げるという反復練習だけでなく、神経の伝達の仕方を変えるようなトレーニングも必要になってくる。

また、基礎的な体力の問題でコントロールが悪いというケースもある。たとえば、股関節周り、体幹の筋力が足りないせいで体の軸がブレて思い切り腕が振れない投手もいる。

　プロ野球の監督やコーチもコントロールの改善には苦労している。それは今述べたように、その原因と対策が本当に十人十色だからだ。やはりそこは本人とよく話をしながら、その投手に合った改善方法を見つけていくしかない。

　作業としては地道なものになる。ブルペンでのピッチングやシャドーピッチングを見て、体の軸がブレているならブレないように、バランスが悪ければバランスをよくするように、タイミングがまちまちだったらタイミングを合わせるように、などと一つ一つ丁寧に見て試しながら、その投手がハマるものを見つけていく。

　その際には、上半身と下半身の連動性やインナーの筋力との関係性といった投球動作のメカニズムに関しても丁寧に説明する必要があるだろう。

　ただし、監督やコーチのアドバイスで必ずコントロールがよくなるわけでもない。コントロールの良し悪しには指先の感覚など、すごく繊細な部分も関わってくるからだ。何しろリリースポイントのわずか数センチの違いで、ホームベース上で左右上下に1メートルもの差が出てしまうのがコントロールなのだ。

　その意味では、球を速くするほうがはるかに簡単だ。体を鍛えて上半身と下半身の連動性を高め、無駄な動きをなくして並進運動を速め、テコの原理と遠心力を最大限に使って腕を振れば、速い球は投げられるようになる。

昔は教えてくれなかった

今は、監督やコーチが練習メニューを作ってくれるし、いろいろと教えてくれる。多少お金はかかるだろうが、外部にも、いろいろな理論を教えてくれる専門家がいて、いろいろなトレーニング施設もある。

昔の教え方は、基本的には「見て、学べ」だ。そういった環境で、昔の選手たちはどうやって体を鍛え、技術を磨いていたのか。結局、自分の目で見て、時には先輩やコーチに聞いて、自分の頭を働かせて考えるしかなかった。そういう思考と試行錯誤の積み重ねが、自分なりのトレーニング方法やオリジナルの技術になっていったのだ。

今は、すぐに「答え」を教えてもらえる。「答えをもらったほうが簡単でいいじゃないか、すぐにできるようになるじゃないか」と思うかもしれない。

しかし、自分であれこれ考える過程にこそ意味がある、というのが私の結論だ。自分なりの答えに行き着く前にどれだけの段階を踏んできたか。それが大事だと実感している。

これかなと思って試してみる。でも、うまくいかない。そこで何かが違うのかなと考えて、自分なりに工夫して、またやってみる。また失敗する。こっちかな、あっちかなと試しながら、何度も考えながら自分でやっていくと、一つの答えにたどり着く過程で自分の引き出しがどんどん増えていく。そうすると、一つの答えがダメになったとしても、違う引き出しを開けて、別の答えを見つけられるようになる。

昔のプロ野球選手たちは、そうやって自分のやり方を確立していった。そのほうが、調子が悪い時期があったとしても、またいいピッチングができるようになるし、いいバッティングができるようになるのだ。

昔の先輩のアドバイスは一言、二言だけ

今のプロ野球の先輩選手は後輩選手に何でも教えてくれるようだが、昔の先輩は後輩にほとんど教えなかった。私の場合、たとえば、西武ライオンズの投球練習場で先輩エースの東尾修さんに「スライダーを教えてください」とお願いしても、「見とけ」と言われる

だけだった。見終わって「わかりません」と言うと、「簡単にわかったら苦労しねえんだ」で終わりだった。何も東尾さんが特別なわけではない。東尾さん自身も西鉄ライオンズ（現埼玉西武ライオンズ）の若手時代、先輩の稲尾和久さんなどから同じような言い方をされてきたはずだ。

しかし、本当に先輩が何も教えてくれなかったかというとそうではない。私は東尾さんによく飲みに連れて行ってもらった。そのおかげで、プロ野球の投手として大事なことを教えてもらえた。たとえば、ある日のこと、いつものように一緒に飲んでいたら、東尾さんが突然「お前な、いつまでもまっすぐとカーブで勝てると思うなよ」と言ってきた。その場では「まあ、あと2〜3年は大丈夫ですよ」と聞き流したのだが、次の年、東尾さんが言っていた通り、勝てなくなった。それで初めて「東尾さんが言っていたのはこのことか」と気づいた。

手取り足取り教えてもらわなければ学べないわけではない。一言、二言から自分で考えて学びを得ることができる。

それまで自分で考えながらやってきているから、1個のヒントさえもらえれば、そこから5個でも10個でも自分なりにやり方を考えられる。その1個がわからないから悩んでいるが、先輩から1個もらった瞬間、「おお、そうか!」となれる。だから東尾さんにはとても感謝している。

考え、行動し、取捨選択をする時代に

昔の選手の学び方は今の選手とは「逆」と言える。昔は情報が少ないおかげで、むしろ迷わなかった。今はいろいろな情報がありすぎて、むしろ選べなくなっている。特に今の若手選手は「こうすれば間違いない」という答えを欲しがっている。

しかし、監督やコーチが安易に答えを教えるのは決していいことではない。本人が悩んで苦しんで、考えに考えて、自分なりに練習に取り組んでみて、それでもうまくいかないというときに、「じゃあ、こうやってみようか」と伝えたほうが効果的だと思う。

選手は、自分にとって何がいいのか、何が悪いのか、取捨選択できない状態で知識だけが溜まっていくと、たとえ、いったん「これだ」と選択して取り組み始めても「やっぱり、あっちのほうがいいんじゃないか、これは間違っているんじゃないか」という意識が働いてしまう。

そういう意識があると、だんだん「あれもダメ、これもダメ」となっていき、最終的には思考停止に陥ってしまう。思考停止はモチベーションの低下を招き、練習に取り組むためのやる気を奪う。それではうまくいくはずがない。つまり、そこからが監督やコーチの出番ということになる。

裏返して言うと、常に思考が働いている選手は、監督やコーチが何も言わなくても、自ら高いモチベーションを保ち、いろいろな練習に取り組めるということだ。

ルール変更は進化か？

昔はなかったルールが今は導入されている。たとえば、2016年からプロ野球で採用された「コリジョン（「衝突」の意）」。ホームベース上のクロスプレーで、走者は故意に捕手に接触してはいけないし、捕手は走者の走路をブロックしてはいけないというルールだ。17年には、併殺阻止を狙った野手の足元へのスライディングが禁止された。

長年、ホームベース上や二塁ベース上での接触プレーの危険性は問題視されていて、ケガをする選手も多かった。それを禁止するルールの導入によって、故意の接触プレーによる選手のケガはなくなったのだから、本当によかったと思う。

大リーグで導入されたルールを何年か後にプロ野球が後追いで導入するというパターンが少なくない。コリジョンルールも大リーグでは14年から採用されている。

コリジョンのように、以前から日本で問題視されていた事柄を解決するルールであれば、大リーグの真似というかたちだったとしても新しいルールを導入したほうがいいだろう。

ただ、日本のオリジナリティも大切なはずだ。たとえば、大リーグで採用されている「ピッチクロック（捕手からボールを受けた投手は走者なしでは15秒以内、走者ありでは18秒以内に投球動作に入らなければならないというルール）」や「タイブレーク（延長10回以降の攻撃は無死走者二塁の状態で開始するというルール）」をプロ野球も導入したらどうかという議論がある。大リーグの場合、いずれも主なルール導入の目的は試合時間の短縮だ。

このルールは国際試合でも採用されているが、プロ野球で導入するにあたっては、まず「日本の野球ファンがそのルールのもとで行われる試合を面白いと感じるかどうか」という観点から議論したほうがいいと思う。

ファンの目の前で野球を見せるのがプロ野球だ。選手たちは「さすがプロだ！」と観客が感心するすごいピッチングやバッティング、守備や走塁を見せて、チームの勝利のために全力でプレーする。それがファンの期待に応えるということだ。その妨げになるようなルールは導入しないほうがいいのではないだろうか。

独自の技術・文化を継承する重要性

日本の野球文化とアメリカのベースボール文化というのは、多少なりとも異なるもので、野球はベースボールのすべてを真似る必要はないと、私は思っている。

たとえば、日本のプロ野球ファンがアメリカの大リーグファンの真似をしたらどうなるか。大リーグの球場は、ホームチームの応援しかない、ビジターチームにはブーイングしかない、極端に敵味方が分かれた空間だ。しかし、プロ野球の球場にはビジターチームの応援もある。「みんな同じ野球ファンだよね」というのが日本の野球文化なのだろう。

「日本独自の技術」が失われる懸念もある。たとえば、ピッチクロックが採用された場合、投手の「間合いの技術」が消えていく可能性が高い。

投手は出塁した走者に盗塁されないように、牽制やクイックだけでなく、いろいろと投球の間合いを空けたり詰めたりしている。もちろん、投球の間合いを変えて、打者のタイミングをずらすこともしている。一つ間違うと自分の投球動作のリズムまで崩してしまう行為だから、これは立派な投手の技術の一つと言える。

ピッチクロックが導入されたら、そういう技術は使えなくなり、クイックだけになってしまって、いわゆる投球の幅が狭くなるだろう。

大リーグのピッチクロックには「牽制の回数制限」も含まれている。3回牽制して走者をアウトにできなかったら、ボークで進塁できるというルールだ。

プロ野球の新人投手は、どのチームでも「2回牽制したら3回牽制しろ」と教わることが多い。走者に「もう牽制はない」と思わせるな、ということだ。4回牽制するときもある。走者は「また牽制があるかもしれない」と思うと盗塁できなくなる。

もちろん、そういう走らせまいとする投手を相手に盗塁をするのが走者の技術だ。今のプロ野球には、投手対走者の技術のぶつかり合いがある。ピッチクロックが導入されたら、その技術を失い、対決の面白味も失うことになるだろう。

牽制回数の制限を含むピッチクロックの採用で、大リーグでは盗塁数が1試合平均1・02個（22年）から1・44個（23年）と大幅に増えた（米野球データサイト「ファングラフス」調べ）。かなり盗塁しやすくなって、試合がよりエキサイティングになったとの評価もあるようだが、「大味になった」とも言える。

プロ野球でピッチクロックが導入されて盗塁が簡単になったら、日本の野球ファンはどう感じるだろうか。


投手は「間」を意識する。たとえば、わざと捕手のサインに首を振って、わざわざ間をつくるときもある。これも投手の技術の一つだ。

プロ野球にも「15秒ルール」（塁に走者がいないとき、投手が捕手などからボールを受けたあと15秒以内に投球しない場合、審判は「1ボール」を宣言する）がある。09年から採用されているルールで、適用された投手は今のところ4人しかいないが、最初の「違反者」は、当時横浜ベイスターズのリリーフ投手だった私、工藤公康だ。

私がルール違反を取られたのが09年で、2人目は11年だから、厳密に運用されている大リーグと比べると、あってないようなルールと言える。日本の審判も、プロ野球における間合いの重要性を理解しているのかもしれない。

ファンにとっても「間」は必要だと思う。プレーが少し止まっている間に、次の展開や采配、ピッチャー交代の有無など、いろいろ考えて想像して楽しんでいるはずだ。単に

「投げた、打った、走った」を見るだけでも面白いが、「先」を予想してワクワク、ドキドキできるのも日本のプロ野球のよさだと思う。

投手の私からすると、牽制回数の制限は「野球の根本のルールは『牽制していいよ』なのに、なんで?」と、正直なところ、違和感を覚えるところもある。

試合時間の短縮という意図はわかる。ただ、時間短縮と言いながら、大リーグでは攻守交代の時間が2分25秒（テレビ放送の全米中継がある場合。プロ野球は2分15秒）もある。CMの都合だろうが、今後の課題としてよりよい方向に改善されてほしいと思う。試合時間を短くすれば見てくれる人が増えるだろうという議論もある。プロ野球の試合時間の平均は3時間13分（23年、大リーグは2時間40分）。サッカーのJリーグやバスケットのBリーグの試合時間（サッカーは90分間、バスケットボールは40分間）と比べたら3時間超はいかにも長い。

観客にとっては、始まりの時間や終わりの時間も気になるはずだ。今のナイターは午後6時から始まって9時台に終わる。会社勤めの人の中には「7時始まりなら会社帰りに見に行けるけど、終わりが10時台というのはちょっと……」と敬遠している人もいそうだ。

昔のナイターは午後7時から始まったが、同じように9時台には終わっていた。試合時間は2時間から2時間半。1960年代半ばの読売ジャイアンツの抑えのエース、宮田征典さんが「8時半の男」と呼ばれたことからもわかるように、8時半には8回、9回に入っていた。要するに、時間短縮はピッチクロックを導入しなくても、やろうと思えばできることなのかもしれない。

「懐かしい」という思いはわかるが…

今のプロ野球は「乱闘騒ぎ」がすっかりなくなった。昔は度々あった。それを見てウキウキしたファンも多いはずだ。

発端はたいがい「ビーンボール」だった。激怒した打者が投手に殴りかかろうと猛ダッシュ。すかさず両ベンチから監督や選手たちがバーッと出てきて「おい、お前!」ともみ合う。スタンドの観客も「やれやれ!」と盛り上がる。私も子どもの頃、「おお！　次は誰が行くんだ?」などとワクワクしながらテレビにかじりついていた。

もちろん、あの時代に戻ろうと言いたいのではない。ただ「懐かしい」のだ。乱闘になったら、大ケガをして何カ月も試合に出られなくなるかもしれない。だから当たり前だが、私は監督時代、選手たちに「行け」などとけしかけたことは一度もない。

ただし、真剣勝負をやっていれば、感情的にぶつかり合うこともある。それがデッドボールやクロスプレーでの衝突につながってケガも起こり得る。「スポーツにケガはつきものだ」と思う人もいるだろうが、選手がケガをしないように、あるいは子どもたちが真似しないように、危険球退場のルールやコリジョンルールが導入された。

また、大人の男性ファンには面白い乱闘でも、女性や子どもには恐いことにしか見えないだろう。より多くの野球ファンが楽しめるように、今の乱闘のないプロ野球になっているのだから、やはり、あの頃を懐かしむだけにしておくべきだ。

ロボット審判は導入されるか?

昔からストライク・ボールの判定は、球審に文句を言って選手や監督が退場になるなど何かと「もめごと」の種になってきた。野球ファンの間では「いっそロボット審判にしたほうがいい」という意見がある一方、「人間じゃないと、やっぱり味気ない」という声も少なくないと聞く。

実際、アメリカの3A（マイナーリーグの最上位）は、22年からホークアイを利用した「自動ボールストライク判定システム（ABS）」を導入し、ストライク・ボールの判定をすべてABSで行う試合と、従来通り球審が判定し、不服の際に2回または3回までチャレンジできる試合の両方をずっと試していた。その結果、2024年時点では基本的に、2回のチャレンジ方式に一本化し、チャレンジの際にのみABSを使用していく方針になったという。

大リーグは今のところABSの導入に否定的だそうだが、今後どうなるかはわからない。それと同じように、日本のプロ野球がABSを導入する可能性はある。

ロボット審判という新たな取り組みに対して、「味気ない」などといわば感傷的になるのではなく、試合進行の効率や判定の公平性が高まるといったメリットも考えたほうがいいと思う。

この先、ロボット審判だけでなく、社会の変化やテクノロジーの進歩などによって野球のルールが変わるかもしれないが、その時々の選手たちや現場の関係者の判断を受け入れるしかないだろう。

昔から自分たちが見てきた、あるいはやってきた野球のルールが変わったときに「寂しいな」と思う気持ちはよくわかる。しかし、たとえばロボット審判が当たり前の時代に生まれ育ったファンや選手には、そういう感傷は理解できない。

ただし、ロボット審判の次の時代がきたときには、みんなロボット審判を懐かしむはずだ。「しょせん人間はその繰り返しだ」と思えば、寂しさも多少やわらぐのではないだろうか。

沢村賞「該当者なし」の意味

私は「沢村栄治賞」の選考委員を何度か務めたことがある。その年のプロ野球で、セ・パ両リーグを通じて最も優秀な先発投手一人に贈られる賞だが、「該当者なし」の年もある。選考するうえで、クリアしなければならない成績の基準がいくつかあるからだ。

登板試合数25試合以上、完投試合数10試合以上、勝利数15勝以上、勝率6割以上、投球回数200イニング以上、奪三振150個以上、防御率2・50以下。18年からクオリティスタート率（先発した試合で6回以上を自責点3以内で投げた率）も加わった。

しかし、今は野球が変わって、先発、中継ぎ、抑えという分業制が確立している。そのため、特に完投試合数と投球回数の条件をクリアするのが非常に難しくなっている。たとえば、21、22、23年と3年連続で沢村賞を受賞した山本由伸投手の場合、完投試合数はそれぞれ6、4、2。投球回数はそれぞれ193・2、193、164。この2項目に関しては3年連続で基準を満たしていない。にもかかわらず、3年連続で受賞した。

私は先発完投が当たり前の1980年代初め、18歳でプロ野球に入った。30歳を過ぎてから分業化が進み、96年にはパ・リーグで中継ぎ投手を評価する指標の「ホールド」が導入された。そのうちに勝っている試合で7回、8回に登板するリリーフ投手が特別に「セットアッパー」と呼ばれたりするようにもなった。

セットアッパーとクローザーの組み合わせで最も知られているのは、やはり2005〜08年の阪神タイガースの「JFK（ジェフ・ウィリアムス、藤川球児、久保田智之）」だろう。たとえば、05年の成績はJが登板75試合、40ホールドポイント、Fが登板80試合、53ホールドポイント、Kが登板68試合、27セーブという見事なものだった。

さて、沢村賞について。選考基準よりも完投試合数と投球回数が少ないからといって、山本投手は沢村賞にふさわしくないのか。誰もそうは思わないだろう。つまり、選考委員の中でも、分業制が確立した今の実態に合わせて、考え方が変わってきたわけだ。

沢村賞は往年の名投手へのリスペクトを表したものであると同時に、1年を通して活躍した現役の先発投手に対してリスペクトを示す賞だろう。であれば、かたくなに賞の権威のようなものを守るのではなく、やはり今の分業制のもとでの現役選手の頑張りを大事にしてあげたいと思う。

選考委員がその年の最優秀の先発投手を選ばないと、「今年はいい先発投手がいなかった」のではないかと思う人もいるかもしれない。

残念ながら24年の「沢村栄治賞」は「該当者なし」だった。19年以来、史上6回目のことだ。私も選考委員の一人だったが、読売ジャイアンツの菅野智之選手と戸郷翔征選手、福岡ソフトバンクホークスの有原航平選手、横浜ＤｅＮＡベイスターズの東克樹選手の名前が挙がったものの、いずれも決め手を欠いた。

私は、先発投手として1シーズンフルに戦ったかどうかを第一に考え、数字としてはイニング数とクオリティースタート率に注目して他の委員と話し合った。結局、4人に大きな差がなく、「該当者なし」という結論に至った。

第2章

NPBはMLBを超えられる!

なぜ大リーグを目指すのか？

近年、日本人選手が大リーグ（MLB）でプレーするのが当たり前のようになっている。2023年に夏の甲子園をわかせた花巻東高校の佐々木麟太郎選手にいたっては、高校卒業後に米スタンフォード大学に進学し、直接ドラフトでの大リーグ入りを目指している。

なぜこんなにも多くの日本人選手が大リーグを目指すようになったのか。改めて考えてみたい。

「より高いレベルを目指したい」という思いは、どんな選手にもあって、それは今も昔も変わらない。昔から大リーグに憧れを持っているプロ野球選手はいた。

高校球児がプロ野球を夢見るように、プロ野球選手は、野球の最高峰とされる大リーグを夢見る。「今よりも上の世界で、自分の力がどのぐらい通用するのか試してみたい」と。そういう夢が近年、「現実的な目標」になってきた。

たとえば、アメリカ代表に決勝で勝って世界一になった23年のWBCを経験して、「自分たちは大リーグで通用するかもしれない」と感じる日本人選手は増えたはずだ。であれば、より多くの選手が「チャレンジしたい」と思うのは、ある意味、当然だろう。選手に限らず、「大リーグのほうが上」と思っているファンも多いと思う。「世界最高峰の舞台で頑張っている日本人選手を応援したい」というファンの気持ちもよくわかる。

私はWBCの結果も踏まえて、日本のプロ野球（NPB）が大リーグよりもプレー自体のレベルが低いとは思わない。プロ野球には、昔から培ってきたものがたくさんあり、大リーグに負けない部分も少なくない。だから「プロ野球のほうが下」とは思っていない。

たとえば、日本でも最近、捕手の「ボールをストライクに見せる」捕球技術を、アメリカ式に「フレーミング」と呼ぶようになってきた。もちろん、そういう技術が日本になかったわけではない。昔から日本では、それを「キャッチング」と呼び、捕手は当たり前のようにボールをストライクに見せるような捕り方をしていた。

なぜ、わざわざ「フレーミング」と言い換える必要があるのか。「キャッチング」と言いたくないのは、「日本式が古くて、アメリカ式が新しい」「日本式が間違っていて、アメリカ式が正しい」「日本式が下で、アメリカ式が上」といった、それこそひと昔もふた昔も前のイメージが根強くあるのかもしれない。

一方で、大リーグには、全米チャンピオン決定戦を「ワールドシリーズ」と名乗っていることからもわかるように、「アメリカのベースボールこそ世界ナンバーワンだ」というプライドがあることも確かだ。

しかし、今は大リーグの登録選手の約3割が外国人という時代だ。日本やドミニカ、ベネズエラ、キューバ、プエルトリコ、メキシコなど約20カ国から選手が集まってきている。それを考えると、アメリカと日本という比べ方自体が意味をなさないのかもしれない。

引退後を「計算」すると…

私が思う一番大きなプロ野球と大リーグの差はお金の面、年俸もそうだが、特に引退後の補償の面だ。

大リーグには終身年金制度がある。大リーグで10年以上選手登録されると、62歳から死ぬまで毎年27・5万ドル、1年だけの選手登録でも毎年2万7500ドルもらえると言われている。

日本のプロ野球にも11年まで年金制度(一・二軍合わせて10年以上の選手登録で55歳から毎年120万円)があったが、財政破綻から廃止されてしまった。16年から「支配下10年以上選手養老補助制度」（55歳と60歳のときに各50万円の一時金）が始まったが、プロ野球では引退後の補償が十分とは言えない。

今の若い選手たちは、現役を引退した後も冷静に考えるようになってきたから、大リーグの充実した年金制度も大リーグに行きたい理由の一つになっていると思う。

高額な契約金については、ことさら言うまでもないだろう。プロ野球選手であれば、あれだけもらえたら「大リーグで何年できるかわからないけど、やれるだけやってみよう」となるに決まっている。

プロの世界では「年俸＝選手の評価」が当然とはいえ、大谷翔平選手の契約は10年総額7億ドル、山本由伸選手が12年総額３億２５００万ドル、千賀滉大選手が５年総額７５００万ドルなどに対して、たとえば、東京ヤクルトスワローズの村上宗隆選手の年俸は６億円（推定、24年）だ。比べてあれこれ言うのが酷に思えるほど大きな差がある。

代理人制度の影響もあるだろう。プロ野球の代理人は弁護士だが、大リーグは専門のマネジメント会社に所属する代理人だ。だから球団との交渉だけでなく、税金対策や投資などの財務関係についてもマネジメント会社がしっかりフォローしてくれる。

もちろん、大リーグにチャレンジしたけれども、通用しなくてプロ野球に戻ってくる選手も少なくない。ただ、そういう選手は「メジャー帰り」ということで、ある意味、以前よりも評価される部分があり、現役を引退したあとでもいろいろな仕事がくる。それも大リーグを目指す動機の一つになっている可能性はある。

要するに、将来のことも含めていろいろ考えたうえで、「大リーグに挑戦して成功したい」と思う選手が増えてきているということだ。

野茂選手の絶大な功績

歴史的に言えば、やはり野茂英雄くんが1995年に大リーグに挑戦していなければ、次に挑戦する選手は出てこなかったかもしれない。あるいは行きたい選手が出てきたとしても、野茂くんが成功していなければ、日本人選手は評価されず、大リーグに獲ってもらえなかったかもしれない。

当時、近鉄バファローズ（現オリックス・バファローズ）のエースだった野茂くんの日本での年俸は1億4000万円（推定）だった。それを捨て、年俸10万ドルのマイナー契約でアメリカに渡った。そこからロサンゼルス・ドジャースで実績を残して年俸を上げていった。そういう成功例がなければ、日本人選手が多額の契約金で大リーグに行くということは不可能だったかもしれない。

要するに、野茂くんの大きな功績は「日本のプロ野球のレベルは高い」と、大リーグに知らしめたことなのだ。日本野球に対する貢献度という意味でも、野茂くんは「レジェンド」と呼ぶにふさわしい野球人だと思う。

野茂くんの活躍によって、アメリカのマネジメント会社が日本に選手勧誘の活動拠点を置くようになった。このこともメジャーに挑戦する選手が増えた要因だろう。

プロ野球にFA（フリーエージェント）権やポスティング制度が導入された影響も大きい。それによって、選手は格段に「大リーグに行きたい」という声を上げやすくなったし、大リーグ側も「大リーグに来ないか」という声をかけやすくなった。

私も99年、36歳のときにFA権を行使して、大リーグを目指した。結局、私が希望した条件（3年契約）と球団で折り合いがつかず、福岡ダイエーホークス（現福岡ソフトバンクホークス）から読売ジャイアンツに移籍したが、まさに時代の変化を感じる経験だった。

じつはそれ以前にも、大リーグに誘われたことがある。最初に声をかけられたのは94年頃。野茂英雄くんが大リーグに挑戦する前だった。シーズンの佳境にマネジメント会社から「メジャーでどうだろう」という電話がきたが、試合のことしか頭になく、詳しい話も聞かずに断った。そのときは「通用しない」とも思った。野茂くんが行く前だから前例もなく、「メジャーのほうが上だ」という意識が自分の中にも強くあったのだ。

その前にもアメリカに行く話はあった。西武ライオンズの3年目、私はアメリカの1A(マイナーリーグ)に広岡達朗監督の命令で野球留学をした。そのときに1Aのチームから「工藤をくれないか」という打診が球団にあって断った、という話をずいぶん後に聞いた。80年代半ばのことだから、もし球団が断っていなければ、野茂くんの10年ほど前に私が挑戦していた可能性があったということになる。

1A留学が大きな刺激に!

先ほど「西武ライオンズの3年目、1Aに野球留学した」と述べた。もう40年前の話になる。当時の西武ライオンズは毎年、1Aのカリフォルニア・リーグ所属の「サンノゼ・ビーズ」というチームに若い選手を何人か武者修行に出していた。3年目でワンポイントのリリーフ要員だった私も、84年のシーズン中に広岡監督から「成長の跡がない、お前も修行してこい」と突然言われ、夏の1カ月半ほどカリフォルニアに行ってリーグ戦に登板していた。1Aの選手たちは少額の「ミールマネー（1日の食事代）」しかもらえない中で、チームメート何人かと安アパートに寝泊まりしながら、ひたすら上を目指して野球をしていた。トライアウトを受けて入ってきた選手がほとんどで、成績が悪いとすぐクビになる。選手が二軍でも1年契約で生活が守られている日本のプロ野球とはだいぶ違う環境だった。

クビになってアパートを出て行く選手は毎週のようにいた。荷物をまとめている選手に「これからどうするの？」と聞くと、「またトライアウトを受けて大リーグを目指す」と答えた。3人に聞いたが、3人とも同じ答えであった。諦めるどころか、誰もが自分の可能性を疑っていなかった。

1Aの選手たちの「野球への情熱」を目の当たりにしたおかげで、他人とばかり比較していた自分が恥ずかしくなったと同時に、「もっと自分の可能性を信じるんだ」と強く思うようになった。そこから、もっと球速を上げなきゃダメだと考え、帰国後、当時の投手には珍しかったウエートトレーニングに自ら取り組み始めた。当時の宮田征典投手コーチにも教えを乞うた。すると3カ月で球速が10キロも上がり、翌年からは先発で起用されるようになった。

千賀選手への思いと期待

ＦＡで福岡ソフトバンクホークスからニューヨーク・メッツに移籍した千賀滉大選手は、大リーグ1年目の２０２３年、29試合に先発登板して12勝7敗、防御率２・98、２０２奪三振という素晴らしい成績を残した。

千賀選手はＦＡ権が行使できる数年前から「ポスティングで大リーグに行きたい」と球団のフロント陣に要望を出していたが、監督だった私は、それについて彼と話したことは一切なかった。

選手はあくまでも球団と契約しているのだから、選手の移籍について監督がどうこう言う立場にはない。球団が「ポスティングで行かせてやろう」となれば、監督は「わかりました」と言うしかないし、「ＦＡを取るまでは行かせない」と言うのであれば、これも「わかりました」と言うしかないのだ。

監督だった私には、自分の気持ちは絶対に表に出せなかったが、チームを優勝させるのが監督の役目なので、当然、千賀選手にはチームに居続けてほしい。ただ、千賀選手のキャリアのことを考えたら、行きたいときに行かせてあげてほしい。その両方の気持ちがあった。

千賀選手のメッツ入団が決まったときには、「頑張れ！」という気持ちしかなかった。

環境の変化はケガにつながりやすい。たとえば、大リーグはプロ野球と違って長距離の移動が多い。プロ野球のように投手には「上がり（休み、早引き）」がなく、ホーム球場はもちろん、遠征先にも帯同してベンチに入らなければいけない。マウンドやボール、登板間隔などの違いもある。

そういう違う環境に慣れるまでの間は、いろいろな疲労が蓄積する。それを取ろうと思ってもマッサージや体の手入れの仕方が違ったりする。千賀選手も「かなり戸惑うだろうな」と心配していたが、そういうことに関する契約もきちんと入っていたのだろう、1年目は無事に好成績を残した。24年シーズンは、ケガに苦労したシーズンとなってしまったが、彼は自分で考えて、行動ができる選手である。心配だなと思うことも正直あるが、陰ながら彼の活躍を見守り、応援していきたい。

なぜ今永選手は活躍できたか

横浜DeNAベイスターズからシカゴ・カブスに移籍した今永昇太選手の大リーグ1年目の活躍は素晴らしかった。24年シーズンの成績は先発登板29試合で、15勝3敗、防御率2・91、奪三振174。「ストレートの回転数の多さ」や「低めのチェンジアップの精度」など、今永選手が大リーグで通用した要因はいろいろと言われている。

私が思う今永選手が活躍できた一番の理由は「1年を通して、よいコンディションで投げられた」ことだ。

今永選手は基本的に中5日で登板したが、中4日も度々あった。回転数の多いストレートが通用すると言っても、そういう登板間隔の中で自分の体を操れるだけのよいコンディションをつくれたから、そのボールが投げられていたのだ。

コンディションが悪くなるとボールは悪くなる。ストレートの回転数が落ちたり、コントロールが甘くなったり、自分の思い通りに変化球を操れなかったりする。つまり、大事なのは、よいコンディションをシーズンを通していかに維持できるかということになる。
コンディショニングには、疲労の取り方など体に関することだけでなく、新しい環境に馴染むといったことも含まれる。野球に関しては大リーグやチームの習慣、生活面ではアメリカの習慣に慣れていかないと、よいコンディションは維持できない。そのためには、頭の切り替えも必要になってくる。

たとえば、日本のプロ野球球団にはトレーナーがいて、専門的なマッサージをしてくれる。大リーグにもトレーナーがいてマッサージもしてくれるが、多くはリラックスのためのオイルマッサージだそうだ。そういう部分も頭を切り替えて慣れるか、日本式のマッサージが必要であれば、自分で手配しないといけない。

おそらく今永選手は、こうしたコンディショニングに必要なことを、球団との契約のときにきちんと交渉したり自分で準備したりして大リーグに行ったのだろう。

シーズン中、なかなか疲れが抜けないなど、コンディションが自分の思い通りに調整できないこともあったと思う。そのときに体のちょっとした異変を敏感に察知して、その都度対応できたからこそ、シーズンを通して活躍できたのだろう。

日本では、中6日がローテーションのベースとなるが、中4日が基本となるメジャーのローテーションでシーズンを戦い抜いたことは、本当にすごいことだと思っている。時には、登板間隔の調整や、間を空けるといった対応もあったかと思うが、今永選手はそういった契約のもと、監督やピッチングコーチとコンディショニングに関して話し合っていたのではないだろうか。

大リーグは文字通り契約社会なので、たとえば、中5日で3回投げたら1回は中6日にするという契約を球団と結んでいれば、監督はそれに従うしかない。こうした球団との交渉も、コンディションを維持するための努力と言える。

今永選手の契約は4年総額5300万ドルで、5年総額8000万ドルに変更できるオプションがついていると言われている。今永選手は24年10月時点で、31歳。今後数年の体の変化にどう対応していくかが大事になってくる年齢だ。

人間の体は必ず変化する。年を取るとは自分の体が変わるということだ。その変化に自分がちゃんと対応できるかどうかで、今後も今永選手が活躍できるかどうかが決まってくる。

一般の人は1歳年を取ったからといって体の変化を自覚することは難しい。ただし、野球選手は日々、過酷な試合や練習をする中で、それに気づくことができる。たとえば、キャンプに入って「去年と同じように体が動くな」と思っていても、キャンプが終わったあとで、「あれ、去年と違って体が動かないな」ということが起こり得る。

若い頃はまだ体の変化が小さい。年を取れば取るほどその変化が大きくなって、なかなか対応できなくなる。過去の自分にしがみつくあまり、体の変化を受け入れられないからだ。私にもそういう時期があった。

ただ、加齢にともなう体の変化も含め、自分の体のことをよく知って、日々準備していけば、常に悪いコンディションを避けることができる。若い頃の最高のコンディションにもっていくのは不可能だが、その年齢なりのよいコンディションを維持できれば、30代半ばを過ぎてからも活躍し続けることができる。

私はそうやって30代の現役生活を乗り切った。私にもできたことだし、今はコンディショニングに関する情報も充実している。「投げる哲学者」と言われる今永選手ならきっと長く活躍できると期待したい。

選手流出で日本野球は衰退する？

プロ野球選手は「自営業者」なのだから、本人が大リーグに行きたければ行けばいい。私は「よし、頑張ってこいよ」と応援するだけだ。この思いは昔から変わらない。

ただ、選手たちの大リーグ志望が当たり前のようになってきたことで、「日本のプロ野球が衰退する」「プロ野球のレベルが下がる」などと懸念する人も少なくない。また、「大リーグに行っても、最後は日本でプレーしたほうがいい」と思っている人もいると思う。

確かに野茂くんが行って以来、イチローくんや松井秀喜くんなど、いわゆるスター選手が続々と大リーグに行った。しかし、それでプロ野球が衰退したかというと、決してそんなことはないだろう。次々と新しい世代の素晴らしい選手が現れ、プロ野球を盛り上げてくれた。

もちろん、個別にプロ野球球団を見れば、主力選手が大リーグに行ってチームを抜けるのは、戦力が下がることではある。しかし言うまでもなく、誰でもメジャーに行けるわけではないし、いっぺんに50人も行くわけでもない。つまり、プロ野球全体で見れば、年に数人の主力選手が抜けても、そのレベルが下がるということはないのだ。

日本の野球ファンの中には、プロ野球が好きという人もいれば、大リーグが好きという人もいる。それと同じように、大リーグに行きたい選手もいれば、日本のプロ野球でプレーしたい選手もいる。大リーグに行った選手の中でも、また日本に戻ってプレーしたい選手もいれば、アメリカで現役を終えたい選手もいる。

そこはやはり本人の自由だから、私としては、選手がどんな道を選んでも「よし、頑張れ」と応援するだけだ。

日本流かアメリカ流か、二択はおかしい

日本人選手が大リーグに行くだけでなく、プロ野球にいた外国人選手が大リーグに行って活躍するケースも増えている印象だ。

阪神タイガースからサンディエゴ・パドレスに移籍した抑え投手のロベルト・スアレス選手や読売ジャイアンツからセントルイス・カージナルスに移籍した先発投手のマイルズ・マイコラス選手など現役プレイヤーのほか、アリゾナ・ダイヤモンドバックスのトー

リ・ロブロ監督は現役時代に1年間ヤクルトスワローズにいた。

昔で言えば、阪神タイガースにいた大リーグ出身のセシル・フィルダー選手がデトロイト・タイガースに移籍して、2年連続でホームラン王と打点王になったり、広島東洋カープにいた、ドミニカにある同球団の野球スクール「カープアカデミー」出身のアルフォンソ・ソリアーノ選手がニューヨーク・ヤンキースに移籍して「40・40」を達成したりした。

フィルダー選手は、もともと長打力はあったが、変化球の対応が課題の打者だった。それで日本のプロ野球にきて、実戦の緊張感の中で変化球の打ち方を学んで打てるようになった。だからこそ大リーグに戻って活躍できたのだろう。スアレス選手もプロ野球でコントロールの技術などを学んだはずだ。

ロブロ監督は、日本のプロ野球式の集団練習やバント戦術などを取り入れて、2023年にダイヤモンドバックスをワールドシリーズに導いたと言われている。日本流の集団練習には、選手たちのチームワークの意識が強くなる、チームの一員としてのモチベーションを高めるといった効果があって、チーム力が上がったのかもしれない。

ただ、大リーグの他の球団がダイヤモンドバックスの真似をして日本式を取り入れたら、ワールドシリーズに進出できるかというと、やはり違うだろう。

同じように、たとえば、伸び悩んでいる大リーガーが日本に来てプロ野球を経験したら必ず成長できる、ということも言えないのだ。

日本のプロ野球が大リーグのやり方の真似をするというのは昔から多い。それは今もあまり変わらず、たとえば、アメリカのトレーニング施設「ドライブライン・ベースボール」（米ワシントン州シアトル、アリゾナ州フェニックス）の指導方法などを真似したりしている。トラックマンやホークアイ、ラプソードの導入も「後追い」と言える。

プロ野球選手の中にも、大リーグの選手が言っていること、やっていることに過度に左右される選手が少なくない。自分でちゃんと考えてそれがいいと思って取り入れていくのならよいが、単なる真似だったら意味がないどころか、かえって以前よりも悪くなる可能性もある。

もちろん私は、これまでのプロ野球のやり方が全部無駄で、もうやる必要がないとはまったく思わない。

たとえば、大リーグの監督やコーチの指導方法は、基本的に「自分がこうしたいと思うことを自分でやるんだよ。何か困ったことがあったときに聞いてくれたらアドバイスするよ」というものだ。つまり、アメリカの指導者の役割は、基本的には選手の取り組みを見守ることだ。

それに対して、日本のプロ野球の監督やコーチの指導方法は、どうしたら自分が活躍できるか迷っているような選手に「こういう選手になったらどうだろう。そのためには、こういうことを覚えて、こういうトレーニングをしてみたらどうだろう」と、ある意味、先回りして細かくアドバイスするというものだ。つまり、日本の指導者の役割は、基本的には選手に取り組むべきことを教えることだ。

こうした指導方法の違いにしても、アメリカ式、日本式、どちらにもいいところがあると思う。たとえば、若い選手を育成するという部分には日本式のほうが適しているし、実績を残している選手に対しては、基本的に本人にまかせるアメリカ式のほうが適しているだろう。

要するに、アメリカ式、日本式のどちらが正しいという話ではなくて、「選手個人」を見て使い分けるということが大事なのだ。チームとしての指導方針もあるだろうが、やはり監督やコーチはそれぞれの選手をしっかり見て、たとえば、まだ技術的に足りない部分やメンタル的に足りない部分がある若い選手には「この練習をしよう」とか「我慢を覚えなきゃいけない」など、そういう指導をする。一方で、実績十分のレギュラー選手には「自分のやるべきことをやったら、練習を上がっていいよ」といった声がけをする。

こうした各個人に応じた使い分けは、じつはアメリカも日本も、今も昔も関係なく、共通して大事な指導方法だろう。

結局のところ、「これをやればよくなる」と言われている技術やトレーニング方法でも、それが合う人と合わない人は必ずいる。このことを前提に、監督やコーチは「選手個人」と接していくべきだと思う。

もちろん、「合う、合わないがある」を前提にした取り組み方は、選手本人にも当てはまる。選手は自分のオリジナリティ、長所も短所も把握しながら、いろいろな知識を身につけながら、自分にとって何がベストなのかを探していくことが大事なのだ。

「いいところ」だけを取り入れる

私は監督時代、毎年アメリカに行って大リーグ球団の「内側」を見せてもらっていた。

特に印象的だったのはトレーニング施設の充実ぶりだ。日本のプロ野球の球団よりもかなり広いし、ジャクジーや仮眠室などもあり、常にトレーナーがいる。選手がしっかりコンディショニングできるように、球団側がすごく配慮している印象を受けた。

もう一つ印象的だったのは、監督やコーチが選手に対して、練習などを「強制しない」という点。決して「あれやれ、これやれ」という言い方はしない。思えば、40年前の1Aもそうだった。強制しないのは、いわばアメリカのベースボール文化なのだろう。

大リーグの下に3A、2A、1Aリーグがあり、独立リーグもある。下のリーグから大リーグに上がってくる過程で、監督やコーチから「あれやれ、これやれ」と言われ続けてきた選手はほとんどいない。監督やコーチの選手時代もそうだったはずだ。

だから、たとえば、ランニング練習をしなくて成績を残している選手は「オレは走らなくてもいいんだ」と思っていて走らない。一方で、「オレが成績を残すためには走らなきゃいけない」と思っている選手は、誰に言われなくても一生懸命ランニングをする。20代の頃はやらなかったけど、30代になってやっぱり必要だと思って、ランニング練習をやり出す選手もいる。要するに、自分が上のリーグに行くために、大リーグで活躍するために何が必要かは、すべて「個人の判断」ということだ。

日本のプロ野球でも、監督やコーチが「あれ、これ」言わないアメリカ流のやり方で、いい選手が出てきてチームが勝てるようになる可能性はある。しかしそのためには、いい成績を残せなかったら「はい、クビ」というアメリカ流の割り切りが必要になる。

日本の場合、この割り切りが難しい。たとえば、ベテラン選手が1年間、結果を出せなくても「あの選手は実績があるじゃないか、そのうち復活するよ」といった話になりがちで、「今年悪かったらダメだろ」という話にはなりにくい。よく「プロ野球は実力の世界」と言われるが、実力主義ではない部分もあるのだ。

契約期間の捉え方の違いもある。アメリカ流に、3年なら3年の期限がきたときに結果を残せていない選手に対して、「はい、契約はここまでです。お疲れ様でした」と、ファンもマスコミも含めて、みんなが「それでよし」と思えるのかどうか。私には「契約が終わったからって、お払い箱は冷たすぎる。あと3年くらいやらせてやれよ」というのが、今も昔も変わらない日本のプロ野球の姿に見える。

こうしたいわば日本の野球文化が、大リーグに行く選手や大リーグに行きたい選手が増えたことで、アメリカのベースボール文化に変わっていくだろうか。

答えは今後を見守るしかないが、少なくとも日本のプロ野球がアメリカ流の実力主義に変われば、監督やコーチは「あれやれ、これやれ」と、うるさく言わなくなるとは思う。

お互いをリスペクトする

ダイヤモンドバックスのロブロ監督がヤクルトスワローズに在籍していたのは2000年のことだ。旧友の古田敦也くんをキャンプの臨時コーチに招いたりもしている。当時、読売ジャイアンツで投げていた私のことも「カーブのいい、マッチョな左ピッチャー」と覚えていると聞いた。

ロブロ監督はわずか1年とはいえ、自分が経験した日本のプロ野球をリスペクトしてくれているからこそ、古田くんを招いたり、私のことを記憶にとどめていたり、日本の練習方法や戦術を取り入れたりしているのだろう。

日米の野球人がお互いにリスペクトするというのはすごく大事だと思う。どちらの野球のレベルが上か下かではなく、リスペクトし合いながら野球に取り組んでいく。もちろん、日米に限らず、世界各国がお互いの野球をリスペクトすることが重要だろう。

世界中に野球を広めていくうえで、日米がその中心にいるのかもしれないが、新しい技術などを教える国の野球が偉いなどということもない。やはり常に各国の野球をリスペクトしながら、野球の素晴らしさを伝えていくべきだろう。

大リーグに学ぶべき「歴史」へのリスペクト

大リーグではシーズン中の4月15日、全選手、コーチ、監督、審判が背番号42をつける。この日は、初めての黒人メジャーリーガーで、1940〜50年代に活躍した名選手ジャッキー・ロビンソンが大リーグにデビューした記念日。彼を讃える「ジャッキー・ロビンソン・デー」だ。

ジャッキー・ロビンソンは「白人しかやっていなかったことを黒人も一緒にやるようになった」という大リーグの歴史のみならず、アメリカの現代史において非常に重要な変化のきっかけを作った人物と言える。2004年にジャッキー・ロビンソン・デーが制定される以前に、彼の背番号42が1997年から大リーグで唯一、全球団の永久欠番になっていることからも、その存在の重みがよくわかる。

日本のプロ野球でも、選手全員が往年の名選手の背番号をつけて、ファンに「あの頃の懐かしさ」を感じてもらい、改めて野球の素晴らしさを感じてもらうイベントは可能だろう。王貞治デー（背番号1）、長嶋茂雄デー（背番号3）、野村克也デー（背番号19）、金田正一デー（背番号34）など、候補はいろいろ考えられるが、ジャッキー・ロビンソンのような「全球団が賛同する野球の歴史を変えた選手」となると、人選は難しそうだ。

加えて、「あの選手がいたからこそ今こうやって野球ができているんだ」と全球団、全選手が敬意を表すようなイベントであれば、「お金になるから」といった動機でやってはいけないと思う。

要するに、往年の名選手に対するリスペクト、野球の歴史に対するリスペクトがなくてはいけないということだ。

大リーグのどの球団のボールパークにもチームの歴史が展示されている。野球ファンたちは、飾られた選手の写真や実使用の野球道具などを見て、説明書きを読み、「この時代にこんな素晴らしい選手がいたんだ」ということを、改めて思い出したり学んだりする。目立つ場所に名選手の銅像なども置かれている。

日本のプロ野球の球場には、そういうものがほとんどない。今日に続く2リーグ制（ナショナル・リーグ、アメリカン・リーグ）の大リーグの発足は1903年（1876年に発足した1リーグ制の「ナショナル・リーグ」が始まり)、日本の2リーグ制（セントラル・リーグ、パシフィック・リーグ）のプロ野球リーグの発足は1947年（36年に発足した1リーグ制の「日本職業野球連盟」が始まり）。大リーグと比べるとプロ野球は日が浅いが、それでも振り返るに十分な歴史がある。

もちろん、現在の球団に至る経緯には複雑な部分もある。たとえば、49年創立の埼玉西武ライオンズなら、西鉄クリッパース→西鉄ライオンズ→太平洋クラブライオンズ→クラウンライターライオンズ→西武ライオンズ→埼玉西武ライオンズと、親会社が代わるたびにチーム名が変わってきた。ただ、そういうことも含めて歴史だろう。その歴史がなければ今のチームはないし、ひいては現在のプロ野球界もない。だからこそ私は野球の歴史を大切にしたいのだ。

現在、野球の歴史を伝える施設として、最もよく知られているのは読売ジャイアンツのホーム球場の東京ドームにある「野球殿堂博物館」だろう。他には阪神タイガースの阪神甲子園球場に「甲子園歴史館」、オリックス・バファローズの京セラドーム大阪に「B's SQUARE」がある。

しかし、それだけでは足りないと思う。やはり大リーグのように全球団の球場に野球の歴史や球団の歴史を伝える展示施設があったら、もっと野球に対するリスペクトが醸成されるのではないだろうか。

日本もアメリカも関係ない!

プロ野球界はプロ野球ファンだけを大事にしていればいいのか。当然、そんなことはない。プロ野球であろうが大リーグであろうが、あるいは高校野球であろうが草野球であろうが、野球をこよなく愛してくれる人たちを丸ごと大事にすべきだと思う。

なぜなら、野球を愛してくれる子どもを増やしたいからだ。昔は、たとえば「親が阪神ファンだから、自分も子どもの頃から阪神ファンになって、野球が好きになった」というパターンが多かった印象だ。

今は、野球が好きになるきっかけは、もっと多様化している。たとえば、私は2023年2月からユーチューバーの草野球チーム「パワフルスピリッツ」の監督を務めている。YouTubeでパワスピメンバーの野球を楽しむ姿を見て、「野球をしたい」「野球を続けよう」「野球を見たい」など、そう思う子どもたちが必ずいると考えて引き受けた。今、パワッフルスピリッツは子どもたちに大人気のコンテンツになりつつある。今後も野球を愛してくれるよいきっかけになってくれるはずだ。

今は大谷選手に憧れて、野球を始める子どもや「うちの子も野球をやらせよう」と思う親も多いだろう。もちろん、他のスター選手に憧れる親子も多いと思う。また、将来はプロ野球選手、大リーガー、そういう目標をしっかり持っている親子もいる。

いずれにしろ、どの選手に憧れようがどのレベルで野球をしていようがどんな野球を見ていようが、野球を愛してくれる人たちがいるからこそ、球場にお客さんが入って球団も潤って、プロ野球界全体が盛り上がるのだ。

だから野球ファンのみなさんも、どうぞ自分の好きな野球を好きなように応援していただきたい。プロもアマも関係ない、日本もアメリカも関係ない、とにかく野球を愛してほしいと思う。

何よりも野球を愛する子どもを大事に！

ほとんどのプロ野球選手に、少なからず大リーグへの「憧れ」がある。それは今も昔も変わらない。たとえば、江夏豊さんや桑田真澄くんが現役としての最晩年、大リーグに挑戦したのも少年のような憧れゆえかもしれない。

私も現役の最後のほうは「チャレンジしてみよう」と考えていた。無駄かもしれないが、結果を残して実力を認めてもらえたら、年齢に関係なく雇ってくれる可能性があると。

横浜ベイスターズから移籍した埼玉西武ライオンズで戦力外になって退団したのが2010年秋。そこから大リーグ挑戦に向けて、トレーニングも含めていろいろと動いていたが、11年3月11日に東日本大震災が起こった。

私は被災地支援の一環として野球教室を度々行うようになり、毎回子どもたちのバッティングピッチャーを務めて200球以上投げた。結果的に11年秋に肩が壊れて、大リーグ挑戦はかなわず、そのまま引退した。

もちろん、何の後悔もない。子どもたちに投げるときは「これで肩が壊れてもいい」と思っていたから。あのときの私にとっては、大リーグ挑戦よりも被災地の野球教室のほうがはるかに大事だった。目の前にいる野球を愛してくれている子どもたちを少しでも励ましたい。そのことしか頭になかった。

第3章

古くて新しい「配球」の基本

投手対打者は「読み合い」の勝負

最近は野球中継で、打者だと9分割のコース別の打率、投手だと対右打者・左打者別の被打率、投げる球種の割合など、いろいろなデータが表示されるようになった。

9分割のコース別の打率を見て、捕手の構える位置を見て「あー、そこに投げたら打たれるのに」などと歯痒い思いで投球を見守っているファンもいるだろう。しかし、投手対打者の勝負はそれほど単純ではない。配球はシチュエーションや打者と投手の調子、相性などによって変わるものだから、いわばバリエーションが無限にある。

たとえば、1アウト走者一塁で右投手対左打者、走者の足が速い場合、基本的にバッテリーは「引っ張られて一・二塁間を抜けると嫌だな」と考える。ライト前ヒットで三塁に走者が進む可能性が高いからだ。すると、アウトコースの打率が高い打者であっても、捕手は引っ張りにくい外に構える。こういうシチュエーションであれば、野球に詳しい人は「そこに投げちゃダメだ」などとは思わないはずだ。

また、同じアウトコースでもストレートか変化球かという選択もある。変化球はストレートよりも引っ張りやすく、左打者なら右方向に打球が飛びやすい。それでもバッテリーが変化球を選ぶのは、「変化球を引っ張ってくれたらファーストゴロかセカンドゴロになって、ダブルプレーになるだろう」という思惑があるからだ。

その変化球がアウトコースの甘めに入り、引っ張られて一・二塁間を抜けるライト前ヒットになって、1アウト一塁が一・三塁になる場合もある。

バッテリーの思惑が外れたわけだが、ライト前ヒットはあくまでも結果であって、実際に一・二塁間を抜けるかどうかは誰にもわからない。さらに打者に関して言えば、「ストレートに遅れていたけれども変化球だったからたまたま引っ張れた」「たまたま変化球を狙っていたから引っ張れた」といったある種の「偶然」も考えられる。だから野球に詳しい人なら「あそこで変化球はないよ」などとは思わない。

投手対打者は基本的に「次はこういう球を狙って打ちにくるだろう」「次はこういう球を投げてくるだろう」という「読み合い」の勝負だ。ただし、シチュエーションによってさまざまな「思惑」があり、そこに「偶然」が交錯するのだ。

「困ったらアウトロー」は昔話

投手の投球術について、昔はプロ野球でも「困ったらアウトロー」と言われた。アウトコース低めに投げる主な理由は、長打になる確率が低いからで、実際、アウトコースを流し打ちして、いわゆる逆方向のスタンドに入るホームランが少なかった印象がある。

しかし今は、逆方向の飛球がホームランになりにくいという時代ではない。ドーム球場は打球がよく飛ぶし、ホームランが出やすいように「ラッキーゾーン（楽天モバイルパーク宮城のEウィング、みずほPayPayドーム福岡のホームランテラス、ZOZOマリンスタジアムのホームランラグーン）」を設けている球場もある。そのおかげで逆方向へのホームランは珍しくなくなった。

また、「困ったらアウトロー」の理由には、アウトコース低めが得意な打者は圧倒的に少ないということもある。ただし、プロ野球の打者なら、アウトコース低めがくるとわかっていれば、そこにタイミングを合わせて打つ技術は持っている。

だから今は昔ほど「困ったらアウトロー」と言われなくなった。それよりも「いろいろな変化球を駆使してゴロを打たせる」というのが基本的な投球術になっている。

打者の「読み方」の基本

投手の球種別の投球割合のデータに関して言うと、打者にとって大事なのは「どのカウントでどのボールが多いのか」という配球の傾向を表すデータで、走者がいない場合と走者がいる場合の両方が必要になる。

基本的に配球の傾向はカウント別で最も出やすい。「この投手は、このカウントだとこの球が多い」というデータは、打者の読みに使われる。もちろん、カウント別の投球データは打者だけではなく、たとえば「このカウントだからエンドランにしよう」「このカウントなら単独スチールがいいだろう」「このカウントは普通に打たせよう」といった、チーム戦術における監督やコーチの判断にも活用される。

配球は走者の有無によっても変わる。走者がいない場合、バッテリーは、たとえば緩急のゆさぶりに弱い打者に対して、カーブなど遅い変化球を織り交ぜる。

しかし走者一塁の場合、バッテリーは、足の速い走者であれば、盗塁させないように配球を変える。つまり、カーブのような遅い球を少なくする。なおかつ捕手が二塁にスローイングしやすいようにアウトコースを多くする。

こうした配球の傾向がわかれば、打者は狙い球を絞りやすくなるわけだ。

もちろん、打者には苦手なコースや球種、得意なコースや球種があるから、それに応じてバッテリーの配球は変わってくる。打者は当然、それも加味して配球を読む。

バッテリー・ミーティングで話すこと

試合前には必ず先発投手、捕手、コーチ、スコアラーが集まってバッテリー・ミーティングを行う。そのときにスコアラーは、打者のデータに基づいて「このコースや球種だったらカウントが取れる」といった話をする。ただし、カウントが取れるというデータがあっても、シチュエーションや投手の調子によっては、そのコースや球種を投げられない場合もある。

私は現役時代、福岡ダイエーホークスに移籍してからは、あらかじめ対戦相手の試合の映像などを見て、自分なりに打者のデータを取って分析していた。だからスコアラーの話は、あくまでも「プラスアルファ」として取り入れていた。

そして、バッテリー・ミーティングが終わると、トイレの個室に30分くらいこもって、その日対戦する先発の打者9人をどう抑えるか、1回から9回までシミュレーションをしていた。ちなみに、その時間は肘の痛みを抑える痛み止めの座薬を入れる時間でもあった。私は現役時代のうちの20年以上、痛み止めを使い続けた。

プラスアルファとして特に役に立ったのは「打線のつながり」に関する話だった。たとえば「下位打者が出塁して1番に回ると得点するケースが多い」というデータがあると、いつもはあまり警戒しない下位打線に対して集中して投げられるようになる。

ミーティングでは、相手打線に対する攻め方の全体的な意識づけという話も出る。「相手打線は調子がいいから、今日はインサイドをどんどん投げていこう」といった内容だ。それが3連戦の初戦であれば、2戦目、3戦目の先発投手の配球にも関わってくる話なので、プラスアルファではなく、やはり守らなければいけないチーム戦術だ。

私の場合、現役時代も監督時代も、バッテリー・ミーティングで取り上げられる相手打者のデータの中で、「使えるデータ」はそれほど変わらなかった。

スコアラーが話す相手打者の傾向は、主に直近3試合のデータの分析結果に基づいている。ここでは「直近の3試合で4割打っている。その前の3試合は1割5分だったから調子が上がってきている。直近3試合で打っているコースは、インコースが8割、アウトコースが2割。インコースで打っている球種はストレートが8割。アウトコースは変化球よりもストレートを打っている」といったデータを出す。

基本的にバッテリーは、そういう打者の傾向の逆をいく配球をする。このケースで言えば「アウトコースの変化球をカウント球か勝負球にしよう」と考える。

加えて、バッテリーは「どのカウントで打っているのか」というデータも重視する。すると、たとえば「早いカウントで打っている傾向が強い。追い込まれての変化球はあまり打っていない」といったことがわかる。

4割打っている直近の3試合で、早いカウントでインコースのストレートを打っているという傾向がわかれば、「インコースのストレートを見せ球にしよう、追い込んだらアウトコースの変化球で勝負しよう」となるわけだ。

ミーティングではデータをまとめたペーパーも配られる。一例で言うと、各打席の打球方向やヒットかファールか凡打かなどの結果がカウント別に整理されている。直近3試合のデータのほかにも、過去のその投手との対戦成績や打たれたコースと球種などのデータも配られる。

ただ、データがいろいろありすぎて混乱する投手も少なくない。そういう場合は、スコアラーやピッチングコーチが要点だけを伝えるようにすることが多い。

バッテリーの「読み」の基本

バッテリーは、打者を抑えるために「どの球を待って、どこへ打とうとしているのか」という意図を探らなければいけない。そのために初球と2球目で「アウトコース、またはインコースの変化球のボール球を見せる」といった配球もする。

つまり、バッテリーは打者のデータを頭に入れながらも、打席ごとに打者の反応やファールの打球方向などを見て、データが示している傾向通りに打ちにきているのか、それとも傾向とはまったく違うのか、あるいは調子が悪いから逆方向に打とうとしているのか、といったことを探る。

要するに、「9分割のコース別の打率で確率が悪いコースに投げる」という単純な配球にはならないのだ。

とりわけ初球と2球目、いわゆる「入り」の意図は、野球ファンが見てもなかなかわからないだろう。そこはぜひ解説者のコメントを参考にしてほしい。

基本的には初球は「見せ球」を投げることが多い。たとえば、打者の得意なインコースにボール気味の変化球を投げる。その見せ球を振ってきたら、そこに目付けをしていると考えられる。それで「外だったらある程度カウントを取れるだろう」と予測して、2球目以降の配球を組み立てていく。

表現は多少異なるだろうが、こうした配球の意図に関して、特に投手出身、捕手出身の解説者は話してくれているはずだ。

「データ＋反応」で狙い球を読む

打者にはいろいろなタイプがある。たとえば、「走者がいないときは、2ストライクに追い込まれるまで引っ張りにきて、追い込まれると逆方向に打つが、走者がいるときは、初めから逆方向に打つ」というタイプ。あるいは「走者がいないときはストレートを待っているが、走者がいるときは変化球を待つ」というタイプ。データを見ると、こうしたタイプがある程度わかる。

加えて、相手投手によっても打者の狙い球は変わる。たとえば、私は現役時代、「アウトコースの変化球から入りやすい」という傾向があった。だから、その球を打ちにくる打者がわりと多かった。こうしたことも打者のデータと言える。

こうしたデータをうまく活用すれば、打者の狙いの裏をかくことができ、抑えられる確率が上がってくる。

データだけでなく、「見せ球」を使うと、打者の反応によって「変化球を狙っているな」とか「逆方向を意識しているな」といったことがわかる。変化球狙いの打者には、ストレートを多めに投げる。逆方向の意識が強い打者には、インコースの厳しいところを投げる。いずれも詰まって凡打の可能性が高い。

しかし、こうした抑え方は何度も通用しない。たとえば、インコースで抑えられた打者の中には、次の打席に「またインコースがくる」と読んで、インコースの厳しい球に対して、体を開いてうまく逆方向に打ってくる打者がいるからだ。

ただ、こういう打者も「インコースで抑えられた次の打席はインコースを逆方向に狙ってくる」というタイプに分類できる。そうしたら投手は、その打者に「インコースで抑えた次の打席はアウトコースを投げる」という対応をするようになる。逆方向の打ち方はミートポイントが近くなる分、外の球はファールになりやすいからだ。

打者は「タイミング」が合う球を狙う

投手は打者に対して、データなどを見て「その打者のヒットになりそうなコースや球種」を避けて投げる。

一方、打者は、自分が打てるコースや球種、打てないコースや球種は自覚している。だから自分が手を出しやすいコースや球種もわかっている。

たとえば、左投手のストライクからボールになるインコースのスライダーにどうしても手を出してしまうという打者がいる。いわゆる入ってくる球が得意だから自然とバットが出てくるのだ。

そういう打者は、左投手のアウトコースのストレートや外にちょっと落ちるシンカー系の変化球は打ってこない傾向にある。それでも稀に打ちにくるときがある。アウトコースのストレートに山を張って、「それ以外だったら当たらなくてもいい」という感じで、いきなり振ってくる。

ただし、こういう打ち方はよほどのことがないとしないし、割り切った山張りができる打者も少ない。

打者にとって一番大事なのは「タイミングを合わせる」ことだ。だから基本的には、自分がタイミングを合わせやすいコースや球種を打ちにいく。

もちろん、バットスイングの軌道も大いに関係している。つまり、自分が打てるコースや球種は、別に意識しなくても素直にバットが出てくるコースや球種ということだ。一方、打てないコースや球種は、山張りのように強く意識しないとバットが出てこない。しかも、そうやって特定のコースや球種を強く意識すると、それ以外の球にはバットが出なくなる。

打率3割で「好打者」と言われるのは、10回のうち3回ヒットになれば上等というくらいバッティングが難しいということだ。

まっすぐがきたり、途中で曲がったり落ちたりして自分のほうに向かってくる小さな球を、あれだけ長いバットのごく一部にある芯に当てて打ち返す。球が投手の手を離れてからホームベースに到達するまでの時間は、わずか0・4〜0・5秒ほどしかない。

しかも、芯に当たれば全部ヒットになるわけではない。どんなにいい当たりでも、守備範囲に飛べばヒットにならない。

ちょっとバットの上に当たればフライになるし、ちょっと下に当たればゴロになる。ライナーになる当たりどころとは数ミリの違いしかない。ホームランになる当たりどころは、わずか2～3ミリの範囲だ。

もちろん、ゴロでもヒットになるケースはある。球に当たったときのバットの角度次第で、一・二塁間や三遊間、投手の足元、一塁線、三塁線を抜けたりする。フライにしても、内野と外野の間に落ちるポテンヒットもある。

いずれにしてもヒットゾーンに飛ばすのは、やはり相当難しい技術なのだ。だから打者はあの球もこの球もと打ちにいくことができない。そうやって打ちにいくと、自分のバッティングフォームが崩れる。すると、スイング軌道も崩れ、タイミングの合わせ方も崩れて、本来、打てる球も打てなくなってしまう。

だから打者は、基本的に自分のバッティングスタイルを変えられない。引っ張るか逆方向に打つかくらいは変えられるのだが。

打者は基本的にストレート狙い

プロ野球の打者は、投手が投げる前に球種やコースがわかっていれば、格段にヒットの確率が上がる。

だから多くの打者は、たとえば、「カーブがボールになったら、次はこの球でカウントを取ってくる」といった投手の傾向を知っておいて、その球を狙って打ちにいく。

ただし、打者は基本的にストレートを打ちにいく。理由は単純で、ストレートを打つ練習を子どもの頃から一番してきたからだ。変化球を打つ練習をしないわけではないが、その量はストレートに比べてだいぶ少ない。そもそもストレートは球筋がわかりやすく、タイミングも合わせやすい。

「変化球を打つ練習をしたらいいだけでは？」と思うだろうが、投手によって曲がり方や落ち方が違うし、ブレーキのかかり方も違う。今はバッティングマシンが進化して、特定の投手の変化球の回転数などを再現することができるから、ある程度は練習できるが、曲がり方などがまったく同じにはならない。つまり、それぞれの投手の変化球を打つという練習は基本的に不可能なのだ。

データは覚えきれない

打者を抑えるために投手が使うデータは、じつは今も昔もそれほど質・量ともに変わらない。マウンドに上がっているときに、こと細かく打者のデータを思い出しながら投げることは、ほぼできないからだ。

たとえば、捕手のサインに首を振るときも、データと違うからではなく、自分が投げたい球と違う、あるいは投げたい球が決められない場合が多い。ちなみに、首振りのサインもある。打者を惑わすためだ。

ただ、今は昔よりも細かくデータを出せるようになっている。しかし、選手が覚えきれないからと、スコアラーがわざと出さないケースもある。

何しろ試合に関するデータは膨大だ。1試合のデータがA4で10枚ほど。それが1年で143試合分、積み上がっていく。

たとえば、開幕戦。先発投手が前年に7試合同じチームに投げていたとして、こうやって抑えた、こういうときに打たれたという打者一人一人のデータがあっても、全部は覚えられない。ある程度の傾向と対策をつかんで、開幕戦のマウンドに上がるしかない。

先ほど述べたように、バッテリー・ミーティングは必ず試合当日に行う。前日にデータを渡しておいて、「しっかりとバッテリーで話し合いなさい」ということはしない。特に投手は、打者のカウント別の傾向などを細かく覚えられないケースが多い。

だから、試合前のミーティングでは「この打者は今、追い込んだ後の外の変化球を振ってくれる。それを振らないときはポイントを近くにしているから、そのときは速い球をインサイドに投げると詰まる」という程度の話を伝える。

「今、この打者は調子がいいから、必ずインコースに1球投げるように」などとミーティングで言われることもある。ただし、試合中に捕手が「インコースを待っていて、アウトコースを待っていないな」と思ったら、インコースはやめて、アウトコースで勝負するようになったりする。やはりスコアラーの話は、あくまでもプラスアルファなのだ。

プロ野球では、先発投手は1年間で何十打席も同じ打者と対戦する。つまり、お互いにデータを十分に持っている。ただし、投手対打者の勝負の行方は、それをベースにしながらも、1試合の中で1打席ごとに、お互いがいかに対応を変えていくかによって変わってくるのだ。

私は監督時代、投手たちには「最低4種類の変化球を投げられることが先発投手の条件」と伝えていた。もちろん、「3球種以下の投手は絶対に先発させない」という話ではない。

その日の投手の調子や相手打者の調子、あるいはお互いの対応の仕方によって、カウント球に使える球種、勝負球に使える球種というのは変わってくる。

4球種全部に勝負球として使えるほどの精度を求めることは難しいが、一定のレベルの変化球が4種類あれば、3打席なり4打席なりの対戦の中で、打者の狙いを外すことができると考えていた。

投手も打者も「2つ」しか意識できない

投手が投球動作中に3つの事柄を意識することは不可能に近い。意識できるのは1つ、多くて2つ。3つのことを意識しながら全力でストレートや変化球をコントロールよく投げるのは、まず無理だ。「アウトローにストレートを腕を思い切り振って投げよう」と意識したら、それ以外は何も意識できなくなる。

打者も同じ。投手が投げた球を打ち返すまでの時間は0・4秒くらいしかない。3つのことを意識していたらタイミングが取れなくて当たらないだろう。「この球種がこのコースに来たら逆方向に打とう」と意識するだけで精一杯で、それが外れたら普通は打てない。だから「インコースのスライダーが来たらこうやって打って、アウトコースのシンカーが来たらこうやって打とう」などと、4つの事柄を打席の中で意識して、なおかつどちらにもタイミングが合わせられる器用な打者は、まずいないと考えていい。

要するに、多くの打者は「ストレートのタイミングで打ちにいって、スライダーが来たらそれに対応する」というような打ち方をする。たとえば、追い込まれてフォークが来そうという場面でも、ストレートのタイミングで打ちにいく。それで「ちょっとポイントを近づけるタイミングで振って、ストレートにもフォークに対応していこう」とする。

そういう対応の仕方に秀でた打者でも打率は3割だ。7割は対応できないと考えると、投手対打者の勝負は投手が有利と言えるだろう。

「苦手な相手」は毎年変わる

投手も打者も「苦手な相手」がいる。それは1年間の対戦成績に表れる。ただし、いつも苦手というわけではない。要は投手で言えば、去年よく打たれたからといって今年も打たれるかというと、それは今年投げてみないとわからないのだ。

たとえば、「去年はストレートもカーブもスライダーもタイミングが合っていてよく打たれた。データを見ても対戦成績は3割6分だった」という打者でも、今年はぜんぜん打たれないというケースがある。

打者で言えば、「去年はすごくタイミングが合っていたのに、今年はまったく合わない」というケースがある。

お互いに何かを変えたわけではないのに、なぜ、そんなことが起こるのか。投手も打者も、自分で気がつかないうちにタイミングがズレることがあるからだ。つまり、投手からすると、打者のタイミングが合わないほうに、たまたまズレたわけだ。

あるいは、投手の調子が悪いときは打者が打ちにくそうにする。調子がいいときは打者が打ちやすそうにするという場合もある。

打者の場合、コンディションの違いで苦手な投手が変わるケースもある。たとえば、ある打者が、あるシーズンの終盤に自打球で足の指を骨折したとしよう。そのせいでオフの間、あまり練習できなかった。もともとその打者は足でタイミングを合わせるタイプだった。

それで足が治って次のシーズンが始まる。すると、それまでタイミングが合っていた投手にはタイミングが合わなくなり、合わなかった投手には合うようになる、ということが起こることがある。

それほどタイミングというのは微妙なもので、投手にとっても打者にとっても大事なものなのだ。それこそ時間にしたら0・01秒という世界だろう。ほんの少しタイミングがズレるだけで、ライナーになったり、フライになったり、ゴロになったりして、ヒットになったりアウトになったりする。投手と打者はそういう微妙な世界で戦っている。

ちなみに、私が苦手だった打者はたくさんいる。代表格は、落合博満さんとイチローくんだ。二人ともスイングスピードが速くて、「対応力」が優れていたという印象が強い。

落合さんとは西武ライオンズ時代に何十回も対戦した。落合さんがロッテオリオンズ

（現千葉ロッテマリーンズ）で三冠王を3度獲得した全盛期の頃だ。当時の私は20代前半で、スピードも含めて一番力があったから、こちらもある意味、全盛期と言っていい。しかし、5割近く打たれた。

落合さんに打たれるときは吸い込まれる感じがした。ある試合、インサイド低めの球を打ってきて、バットが折れたような音がした。あっと思った瞬間、レフトスタンド中段に突き刺さっていた。

落合さんは、コントロールの悪い右投手が苦手で、コントロールのいい投手は左右どちらも苦にしなかった印象がある。おそらくデッドボールがとにかく嫌だったのだろう。だから、右打者の自分に対して球が入ってくる私のような左投手は、そもそも得意だったのかもしれない。私の投球フォームも、落合さんにはタイミングが取りやすかったと思う。

落合さんとの対戦は「力勝負」だった。当時の私は捕手の伊東勤さんのサイン通りに力いっぱい投げることしかできなかった。30歳過ぎて自分でデータを取って分析して、きちんと配球を考えるようになってからは、残念ながら対戦していない。

イチローくんは足が速いから、普通の内野ゴロが内野安打になるということもあった。とにかく「どんな球でもバットに当てる」という技術が非常に高かった。

ある日の試合、インサイドのカットボールをイチローくんに対して初めて投げて見逃し三振を奪った。その1カ月ほど後に同じ球を投げたら、バットがピュッと出てきて、ライト線に痛烈なツーベースを打たれた。「この球はもう通用しないな、もう投げる球がないな」と、本当に困ったことを覚えている。

イチローくんは一度見た球なら、瞬時に頭の中でその軌道をはっきりイメージできるのだろう。優れたバットコントロールに加え、それも彼の対応力の源かもしれない。

打者の得意なコースに投げる理由

9分割のコース別の打率は、野球中継を見ているファンには、その打者がどのコースが打てて、どのコースが打てないのかがわかるデータに思えるだろう。しかし、どういう投手のどういう球種をどういうカウントで打っているのかが合わせてわからないと、本当は参考にしにくいデータなのだ。

たとえば、4割打っているコースでも6割は打てていないのだから、そこは「投げたら必ず打たれる」コースではない。

さらに言えば、打った投手の球種やカウント、そのときのシチュエーションによって組み立てられたそのコースのさまざまな配球の打率が4割あるということである。その裏側には、打てなかった投手の球種やカウント、シチュエーションなど、そのコースで打ち取られた配球が6割ある。だから投手は4割打っているコースにも、打てなかった6割の投手に共通する球種や配球のデータなどを参考にして投げるのである。

本来的には、4割も打っているコースはその打者の得意なコース、つまり、特に意識しなくてもタイミングよくバットが出てくるコースだ。しかし、打てなかったときには、「タイミングの取り方が遅かったのかな」などと意識し始め、タイミングを早めに取ろうとする。それでも打てなかったら、「こうバットを出してみよう」などと、より強く意識するようになる。特定のコースへの意識が強くなればなるほど、スイングのかたちが崩れて、それ以外のコースの球が打てなくなっていく。これはどの打者にも起こる現象だ。

よく「バッティングを崩す」と言うが、特定のコースや球種を意識させて、それ以外のコースを打てないようにするというのが、投手としては最もオーソドックスな打者の崩し方と言える。

野球中継を見ていて、9分割のコース別打率の中で、投手が打率の高いコースに何度も投げていたら、そういう崩しの意図がバッテリーにあると理解してほしい。

私も現役時代、打者のタイミングが「遅れているな」「合っていないな」と感じたら、たとえ得意なコースや球種であっても、同じ球を3、4球続けることがよくあった。続けすぎて痛い思いをしたこともあるが、打者のバッティングを崩すという意味では、かなり有効な配球であることは間違いない。

打者は詰まるのを嫌がる

とりわけ打者が意識しやすい球として、打ちにいって「詰まった球」というのが挙げられる。たとえば、自分の得意なコースにきた球を「とらえた」と思ったのに詰まって凡打になったというケースだ。

加えて、打者には「詰まり病」というのがある。打つタイミングが遅れてバットの根ものほうに当たると、手が痛いだけではない。右打者であれば、右の親指の付け根の少し内側の部分に血行障害のような症状が起こる。症状が酷ければ手術しないといけなくなる。

詰まったことで手首を故障するケースもある。また、よく「肘から落ちた」と言うように、肘にビーンと痛みが走ることもある。そうすると守備のときの送球にも支障が出る。

その意味でも、打者は詰まることを嫌がる。詰まりたくないと思うと、特にインコースの球に対してタイミングを取るのが早くなり、体の開きも早くなる。そのために、アウトコースの球にまったく手が出なくなるという打者がわりと多くいる。

投手対打者は「タイミング」の勝負

究極的に言うと、打者はタイミングが合わないと打てない。もちろん、バットに当たらないという意味ではない。タイミングが合うポイントにはある程度の幅がある。ポイントの前ならバットの先に当たり、いわゆる引っかけた打球になる。ポイントの後ろなら詰まった打球になる。いずれも球に十分な力が伝わらず、遠くに飛ぶ強い打球にはならないからホームランや長打にはならない。

つまり投手は、打者がタイミングを合わせられないだろうという球種やコースの組み合わせで常に投げている。ごく簡単に言えば、それが配球だ。たとえば、インコースを見せてからアウトコースで勝負する。カーブを見せてからストレートで勝負する。インコースのストレートを詰まらせてファールを打たせておいて、フォークで勝負するという具合に。配球では当然、打者がどの球種を一番嫌がっているかを見極めることが重要だ。フォークのような落ちる球が苦手な打者もいれば、カーブが苦手、スライダーが苦手、カットが苦手な打者もいる。打者にとって苦手な球種は、タイミングが合わない球種と言える。

打者の苦手な球種をデータとして持っていれば、「困ったらあの球種でいこう。打たれても先っぽかどん詰まりで、ファールかボテボテのゴロだろうから」と、配球はぐっと楽になる。もちろん、打球が飛ばなくてもボテボテのゴロでも、ポテンヒットや内野安打になる可能性はあるのだが。

野球中継を見ている一般的なファンが、打者のタイミングが合っているかどうかを見分けるのは難しいだろう。ただ、プロ野球ＯＢの解説者の中には「まっすぐに結構遅れていますね」とか「抜けた変化球のほうがタイミングが合いそうですよね」など、打者のタイミングに関してコメントをする人も多い。

こうした解説を参考にすると、ファンは「高めにいったら危ないんじゃないか」という見方ができ、これまで以上にハラハラドキドキできるかもしれない。

打者のスイングの見方の基本

私は現役時代、打者のバットスイングの軌道を観察するようにしていた。いわゆるアッパースイングは、アメリカから来た打者に多かったが、彼らは日本のプロ野球の投手に慣れてくると、だんだんレベルスイングに近くなっていった。それは主にアウトコースのスライダー、あるいはシュート、今で言うツーシーム系の球に対応するためだ。

今は、フォークを投げる投手が多いので、どちらかと言うと、バットが下から出てくるアッパースイングに近い打者が日本人選手にも増えている。「フライボール革命」のように、できるだけ打球を上げたいからだろう。

スイングの軌道を見ると、その打者がどのコースを打ててどのコースを打てないのかがある程度わかる。たとえば、アッパースイングの打者でインハイが得意という選手はほぼいない。得意なのは、たいていインローやアウトハイだ。

つまり、インローやアウトハイは、バットが素直に出てくるコースで、インハイやアウトローは、意識をしないとなかなかバットが出てこないコースというわけだ。

打者は、苦手なコースを意識して打ちにいくと、得意なコースが打てなくなる傾向にある。アッパースイングの打者であれば、インハイやアウトローを意識していると、インローやアウトハイが打てなくなるのだ。

打者が特定のコースを打とうと意識していると、それ以外のコースが打てなくなるのはなぜか。意識しているコースしか見えなくなるからだ。

これは人間の「視野」の特性と関係している現象で、たとえば、低めのストレートを意識している打者の目の中（脳内と言ったほうが正確かもしれない）では、高めの変化球が「視野から消える」という現象が起こっている。人間の目には、自分が集中して見ようとしている部分が大きく見えるという特性がある。これによりその周りの視野が狭くなるのだ。特に、動きの速いものをよく見ようとすると、その傾向が強くなる。

日常生活においても「そこだけを見ていて周りが見えなかった」という経験は、誰にでもあるだろうが、自動車を運転している人なら、高速道路でスピードを上げるほど視野が狭くなるという感覚も味わったことがあるはずだ。事故を起こさないように、何かあったらすぐ反応しようと、より集中して運転するからより視野が狭くなるのだと思う。

ただし、打者は調子がよくても悪くても、集中して見ているコースにストレートがきたら打てる確率は上がる。しかし、途中までストレートに見えるような落ちる変化球の場合、調子のいい打者は「来た！」と思って振り出してもバットが止まるが、調子の悪い打者は振り出したバットが止まらない。

私は現役時代、そういうバットの止まり方でも打者の調子を「よい、悪い、普通」と判断するようにしていた。

第4章

今、求められている監督・コーチ像とは？

選手の「なりたい自分」を知る

プロ野球の監督は、簡単に言えば、試合に勝つために、より点数を取られない、より点数を取れるチームを作っていくことを考え、そのチームがどんな野球をすれば勝てるのかを考える。その戦略に基づいて、監督自身もコーチも選手たちを指導するのだが、今はその指導の仕方が変わりつつある。

大きな理由の一つには、選手がちゃんと自分の意思や考えを持ってプロに入ってくるようになってきたことが挙げられる。その背景には、データや理論などに関する情報が増え、選手の知識が増えたことがある。そのため、監督やコーチがきちんと知識を持っていないと、選手とうまくコミュニケーションを取ることが難しい。

今の選手は「自分のやりたいことをやりたい」が第一であり、そういう自分の考えを率直に口に出せるようになっている。

もちろん、昔の選手に自分の考えがなかったわけではない。昔は言いたくても言えなかっただけだ。言ったら「反逆児」などと叩かれる時代だった。

今はそんな時代ではない。球団も監督やコーチも選手の考えを受け止めて、まずは、いかに選手を「なりたい自分」に近づけていくかを考えるようになっている。

しかも今は、そういう選手の育成方針についてどう考えているのか、球団も監督やコーチもきちんと伝えないといけなくなっている。

今と昔では、そういったコミュニケーションの取り方も変わってきている。たとえば、昔は投手コーチでも一言、ただ「投げとけ」「走っとけ」という感じであった。今は「こういうデータが出ているから、こういうトレーニングをしたほうがいい」という言い方でなければ、選手は納得しない。

昔は監督やコーチのほうが知識を持っていることが前提だった。今は選手のほうが知識を持っている可能性があることが前提になっている。だから納得して動いてもらうことが難しくなっている。

ただし、あくまでも知識は「頭で理解したこと」だ。「実際に体ができること」とイコールではない。だから頭でっかちになり、「自分はこういう選手になれるんだ」というイメージが膨らみすぎて、1年間取り組んでみたけれども、まったくできなかったということが起こる。たとえば、ピッチングフォームやバッティングフォームの改造に失敗する選手は少なくない。

「なりたい自分になれない」と知って選手は落ち込むが、だからと言って、プロ野球選手として活躍できないわけではない。結局、頭で理解した通りに体を動かせるようになることが「プロの技術」なのだ。その能力を高めるのが監督やコーチの重要な役割と言える。

データがコーチの説得力につながる

福岡ソフトバンクホークスの監督時代、２０１５年から21年は、トラックマンやラプソード、ホークアイ、動作解析ツール、ＢＬＡＳＴなどデータ収集の機材がプロ野球チームに導入された時期にあたる。

たとえば、ホークスではトラックマンが15年頃には導入されていた。トラックマンの使い方としては、バッティング練習だと、主に打球速度や打球角度のデータを見ながら、コーチが選手にアドバイスしたりする。

もちろん、トラックマンで計測しなくても、「ゴロが多くなっている」「打球が上がらなくなっている」など、バッティング練習を見ているだけでもわかる変化があれば、打者の調子はある程度わかる。

ただし、トラックマンを使うと、打球速度や打球角度のちょっとした変化が明確に数値でわかるので、打球に見た目の変化がなくても、コーチは「調子が落ちているかもしれない」と、いち早く気にかけることができる。

さらに、トラックマンのデータとBLASTのデータを合わると、「少しバットが波打っている」「バットが遠くから出てきている」といったことがわかり、より具体的なアドバイスをすることができる。たとえば、「少しロングティーをやったほうがいい」といったことだが、その練習の成果も、トラックマンのデータなどで見ることができる。

昔はコーチの目だけで見てアドバイスしていたものが、今は数値なり動画や画像なりで選手の技術的な問題点が可視化されるようになった。こうしたデータやツールをうまく活用すれば、コーチの説得力は増し、より選手の納得感が得やすくなるはずだ。

ホークアイは、球場に設置した複数台のカメラで投球や打球、選手の動きなどをとらえ、コンピューターグラフィックスで再現するツールだ。プロ野球の各球団で、投球や打球のスピード、投手や打者のフォームなどのデータの収集と解析に使われている。

トラックマンと違い、守備陣のいろいろな動きをデータとして見ることができるのが特長だ。たとえば、外野手が打球方向に対して最短距離で行けているか、内野手の反応速度はどのぐらいかといったことが数値化される。

選手からすると、自分の能力をそういう具体的なデータとして理解・把握できることは、「自分にはこういう能力が足りない」という、いわば気づきにつながる。

昔は、コーチが試合中の選手の動きを見て、たとえば「まっすぐ行っていない！」「一歩目が遅い！」などと、その評価を伝えるだけだった。ただ、そのやり方だと「そうかな、ちゃんとやっているのにな」などと、選手が納得できないケースもあった。

それが今は、コーチも選手もデータとして見られるようになっている。「ほら、こうだろう？」とホークアイのデータを示せば、コーチの能力的な評価に対して、選手は不満を抱きにくくなる。その意味では、コーチが選手を指導しやすい時代になったとも言える。

ただし難しいのは、たとえば打者の場合、「バットがこう出てきているときは調子が悪い」というデータと「バットがこう出てきているときは調子がいい」というデータがあったとしても、「だからこうやってバットを出せば調子がよくなる」という単純な話にはならないという点だ。

打者の調子がそんな簡単に改善できて、すぐに試合で打てるようになるなら、みんな3割打者になっているだろう。それが難しいからこそ、選手もコーチも苦労する。

打者の調子の悪さはバットの出方だけに表れるわけではない。あるいは、バットの出方一つにしても、それが悪くなる原因はいろいろあるし、改善方法もいろいろある。つまり、選手がBLASTなどを見ながら、自分一人でスイングの形だけを修正すればいいという話にはならない。そこは、やはりコーチがデータをきちんと解釈して、その選手に合ったアドバイスをする必要があるのだ。

私は監督時代、投手交代が最適のタイミングでできるようになるためにトラックマンのデータを活用していた。

投手の場合、試合中のトラックマンのデータを見ることで、たとえば、調子が落ちてきたときにどんな球が出やすいかがわかる。このコースにこの球種を投げてストライクになっている間は調子がいい。それが高めに浮いてボールになり出したら調子が悪い。ただし、低めのボールになっているうちは、それほど悪くない。データをきちんと分析・解釈すると、こうした違いが把握できる。

あるいは、調子がいい間はインサイドに投げられるが、調子が悪くなるとインサイドに投げられなくなる。インサイドに投げられないときは体の軸がこう崩れているといったことも、トラックマンのデータから把握できる。

ただし、トラックマンのデータは試合の翌日にならないと出てこない。試合中は、投手コーチと相談しながら投手交代のタイミングを判断する。その判断が正しかったかどうか、翌日に出てくるデータを見ることで、選手の調子の落ち具合がわかる。つまり「交代はあのタイミングで合っていた」「まだそんなに体の軸が崩れていないから、もう少しいけた」などと、いわば答え合わせができるわけだ。

監督やコーチは、そういうデータ活用を積み重ねることによって、自分たちの目を養うことができる。

私が投手交代に関して、最も活用したトラックマンのデータは「リリースポイントの変化」だった。データとコーチの評価、投手本人の感覚、そして自分の判断を総合的に解釈して、「リリースポイントが低くなり、前（ホームベース寄り）に来るほど調子が落ちている」ということがわかったのだ。

先発投手は試合中、調子が落ちてくると肘の位置が下がってきて、なるべく前で球を離そうとする。そのため、どんどんリリースポイントが前になってくる。すると、コントロールも乱れ、打ち込まれる可能性が上がってしまう。データをきちんと分析・解釈したら、そういう傾向が明確に出てきた。

また、リリースポイントの変化のデータは、コンディショニングにも利用した。試合中の投手の見た目の変化で言うと、たとえば、ある投手は「下半身がバテてきて重心の位置が上に上がってきたな」という印象のときに起こっていた。つまり、この投手の場合、調子を崩す原因の一つは「下半身の疲労」と考えられる。そのことを伝えたうえで、「もう少し下半身のトレーニングやコンディショニングをしたほうがいい」というアドバイスをした。

昔の監督やコーチは、イニングが進むと肘が下がってくる先発投手に対して、「肘を上げろ」とだけ言っておけばよかったかもしれない。今の監督やコーチには「どんな意識を持って、どんな練習をすれば肘が上がるのか」ということを、きちんとアドバイスすることが求められている。

肩のインナーのトレーニングは当然として、たとえば、「肩甲上腕リズム」のバランスが崩れてくると、肘を上げたくても上がらなくなったりする。今は、そういうことをきちんと理解したうえで、選手にアドバイスできる監督やコーチが望ましい。

昔は、選手のコンディショニングを本人やトレーナーまかせにしていたが、今は、監督やコーチがむしろ率先して、選手のコンディショニングについて学び、アドバイスしていく時代だろう。

トラックマンなどのデータ活用についても同じことが言える。今は、スコアラーやアナリストまかせにするのではなく、監督やコーチもデータの分析・解釈の仕方をきちんと理解していなければいけない時代なのだ。

選手起用はデータだけでは決められない

私は監督時代、頻繁に打順を変えた。そのときにまず考えたのは、直近の試合で、打順の何番で点を取っているかというデータをもとに、その打順の前に一人でも二人でも出塁している状況をつくる、ということだ。

ただ、そういう打者の並びで思惑通り1点取れたとしても、それ以降の打者がアウトになれば、1点で終わってしまう。だから2点、3点と追加点が取れるように、それ以降の打順にどういう打者を置くか、やはり直近のデータをもとにして考えた。

打順を考える際、前提になるのは「打てる選手ばかりではない」ということだ。だから私は、四球率や出塁率も重視した。

しかもバッティングの調子やコンディションの良し悪しがある。打者と相手投手との相性もある。いくら調子がよくても相性が悪ければ打てない確率が高い。左対左で打っていない、右対右で打っていないという打者もいる。守備位置との兼ね合いもある。データを見ながらそうしたことをしっかり考えたうえで、毎試合の打線を組んだ。だから好不調や相性に左右されない四球率や出塁率を重視して、打順を頻繁に変えたのだ。

選手のコンディションを見る

監督やコーチの重要な仕事の一つは選手を見守り、選手のコンディションの変化に気づくことだ。そして悪くなったらどうしたらよくなるかを考え、よくなったらそれをどう持続させるかを考える。

監督やコーチは、選手のコンディションの変化を敏感に感じるように常に心がけて見守るのと同時に、自分の目だけではなく、トラックマンなどのデータも活用する。ただ、投手の場合、投球の回転数や回転軸、縦・横の変化量では選手のコンディションは評価しにくい。私が重視していたデータは、先にも述べたように「リリースポイントの高さと長さ」だった。通常よりもリリースポイントが低く長くなると、投手のコンディションはよくないという傾向があった。

もちろん、それだけで選手のコンディションがすべてわかるわけではない。監督やコーチが「あれ、いつもと違うな」と感じたら、本人に聞いて確かめることがやはり大事になる。「ここがおかしい」と答えたら、「そこはこうしたらいいと思う」などとアドバイスをする。なかには話したがらない選手もいるが、「そういう動きをしているとこういうところがおかしくなる。少しでもおかしいなと感じたらちゃんと報告するように」と伝えておく。

もちろん、監督やコーチは直接コンディションを整えてあげることはできない。だからこそ、「このまま投げていたらまずいな」と思っている段階で話をする必要がある。その際には「こういう治療をして、こういうトレーニングをしたら悪くならないよ」などと、本人が「じゃあ、試してみるか」と、前向きに取り組める話を伝えることが大事だ。

ただ難しいのは、試合でいい結果を出しているときは、本人が「何かおかしい」と感じていても、なかなか人の話を聞きたがらないという点だ。

そういう選手に話を聞いてもらうためには、たとえば、コーチ一人の目だけではなく、「監督もちょっと見てください、ここがおかしいんですよね」と、複数の目で確認したうえで、データなども示して、丁寧に選手と話をする必要がある。

私の場合、現役時代に神経障害も含めていろいろなケガをしたので、その経験を踏まえて、「こういうことをちゃんとやっておくと、今シーズンは最後までいけるはずだよ」といったアドバイスをしていた。

もちろん、そのアドバイスを聞く・聞かないも試す・試さないも選手次第なので、決して「なんでやらないんだ！」といった言い方はしなかった。選手は監督やコーチのアドバイスを取捨選択して、試してみてよかったものだけを続けていけばいい。

ただ、アドバイス通りにやってみて「よかった」と報告する選手に対しては、プラスアルファのアドバイスをするようにしていた。そういう傾向の選手は、一つ一つのアドバイスに前向きに取り組んでくれるからだ。

その意味では、選手のコンディションの変化だけでなく、選手をよく見て性格的な特徴を把握することも監督やコーチの大事な仕事の一つと言える。

秋のキャンプでの「話し合い」が大事

監督やコーチはシーズンを通して、選手のいい部分、悪い部分の両方をずっと見ている。シーズン中に意識などを変えることによって改善した、といった部分もある。シーズン終了後の秋のキャンプでは、そういう点を選手本人と話し合って練習してもらう。

たとえば私は監督時代、先発投手に対して、トラックマンのデータなども用いて「6回くらいになると疲れておかしくなる。もう少し投げられるようにしよう」など、取り組むべき課題を伝えていた。そして、そのために何が必要か、本人と話し合った。「こういう点がよかったから、そこは大事にしながら、しっかりとフォーム作りをしたほうがいいと思う。どう思う?」と聞くと、選手は「シーズン中にこういう部分が弱いと感じたので、そこを強化できるように頑張っていきたい」などと答える。そうやって、各選手の秋のキャンプの練習やトレーニングのメニューを決めていった。

こうした選手とのコミュニケーションでは、本人が前を向けるように話し合うことが大事だ。「あれもダメだった、これもダメだった、だから体を鍛えろ」といった伝え方では後ろ向きになってしまうだろう。「監督と話して、かえってやる気をなくした」となったらまったく意味がない。

だからこそ、しっかりコミュニケーションを取る。そのためには、まず「シーズン中にどうしたかったのか、そのために何をしたのか、どううまくいかなかったのか」といった本人の話をきちんと聞くことが大事だと思う。

選手の「取り組み」は否定しない

自主トレ中、選手たちはそれぞれが独自のトレーニングや練習をしている。今の選手は、いろんな人からアドバイスをもらうようだ。たとえば、近藤健介選手が個人的にバッティングコーチを雇ってアドバイスをもらっている、甲斐拓也選手がキャッチングコーチをつけているといったことも聞く。

今は、わざわざアメリカの「ドライブライン・ベースボール」に行って練習メニューなどを作ってもらうプロ野球選手も少なくない。

自主トレに関しては、監督やコーチはほぼノータッチだ。そのため投手でいえば、自主トレでフォーム改造をした場合、キャンプに来てまったく違った投げ方を見て、初めて「えっ、どうした？」と気づくことになる。だからといって、「元に戻せ」や「それは違うよ」とは言わない。

ピッチングフォームには「これなら150キロ投げられる」「これなら10球投げたら10球構えたところに投げられる」といった「答え」はない。

もちろん、さまざまな理論はあるが、結局、それが自分に合うか合わないか、という問題に行きつく。本人が「自分に合う」と言ったら、監督やコーチは「お前には合わないよ」とは言えないのだ。

だから監督やコーチは、もしその選手が「やってみたけれども違うかもしれない、元に戻したい」と言ってきたときのために、きちんとアドバイスできるように準備をしておく必要がある。

監督やコーチは、基本的に選手が取り組んでいることに「ノー」とは言わない。ただし、監督やコーチが「なんとかしたい」と思っている選手について、球団が「もう契約しない」と言ってきたときには対応が違ってくる。

まず、球団に対して「ちょっと待ってください。この選手にはこういう能力があるので、1年でいいので待ってもらえませんか」とお願いする。そして、選手と話して投げ方を変えてもらう場合もある。

伸びる選手を見極める

プロ野球選手は、センスや能力のある人間が必ず伸びるわけではない。どんなに才能があっても努力しない人間は一切伸びない。

努力というのは、野球に対して真面目に取り組むことだ。プロ野球選手の真面目とは、野球に対して嘘をつかないこと。選手は今の自分の実力や状態、目標がわかっているはずだ。それに対して嘘をつかず、今、自分ができること、考えていることに真摯に向き合う。

人から「これはできているよね」と言われたとしても、「できているかもしれませんが、できていないことが多いんです」と、自分自身をきちんと理解できている選手は伸びる。

あるいは「これができていない」と指摘されたら、「周りから見て足りなく見えるなら、こういうところをプラスしなきゃいけないんだ」と、素直に思える選手は伸びる。

福岡ソフトバンクホークスの育成出身で一軍で活躍している選手たち、甲斐拓也、牧原大成、石川柊太、リバン・モイネロ、周東佑京ら、そして大リーガーになった千賀滉大（現ニューヨーク・メッツ）も、みんな素直だった。

私は監督2シーズン目に入る2015年の秋季キャンプに参加した若手の石川、千賀、岩嵜《いわさき》翔、東浜巨《なお》、嘉弥真《かやま》新也らに「プロ野球選手として生きていくうえで、最低限できなければいけないことだから」と話して、オリジナルの練習を課した。たとえば、体幹や股関節周りの下半身トレーニングだけで毎日3、4時間というメニューだ。これが第1回目の「工藤塾」だった。

そのときに「現役を長く続けられる強い体をつくるには3年かかる。ホップ・ステップ・ジャンプだから、来シーズンどんな成績を残しても、来年の秋もこうやってトレーニングするんだぞ」とも伝えた。みんな「はい」と素直に返事をしていた。

1年経って、秋季キャンプで「今年もやるか？」と聞いたら、ほとんどの選手が「今年は自分でやりたい練習があるので、それをやらせてください」と言ってきた。私は、あえて「ノー」とは言わなかった。

プロ野球選手にとって大事なのは自分の頭で物事を考えることだ。自分がどうなりたいか、自分が何をしたいかを考える。そのためには何が必要なのかと考え、自分が必要だと思ったことに自ら取り組む。人に指示されたことを嫌々やっても意味がない。だから「いいよ」と。結局、16年の工藤塾は初参加の若手選手ばかりになったが、それでよかった。選手は監督やコーチの道具ではない。やはり選手自身が決定することが重要なのだ。


ある程度成績を残した選手は欲が出てくる。「もっといい成績を残すためには、この練習がいいんじゃないか」と、自分なりに見つけてきて取り組んでみる。しかし、うまくいかず失敗して「しまった、やるんじゃなかった」となる選手もいる。

監督やコーチが用意する練習メニューは、そうなったときにフォローするためのものに過ぎない。

私は若い頃、監督やコーチから「これやれ」「とにかく投げろ」「とりあえず走っとけ」など、そんなふうにしか言われなかった。同世代の選手でも他の球団なら多少違ったかもしれないが、昔はそんな乱暴な選手への接し方も普通だった。

「何のためのトレーニングですか？」と聞いて、あるコーチから「いいからオレの言う通りにやっていればいいんだよ」と怒鳴られたこともある。もちろん、丁寧にいろいろと教えてくれるコーチもいた。

また、初めてインナーを鍛えるトレーニングをやらされたとき、「何の練習ですか？」と聞いたら、やはり「いいからやれ」と言われ、仕方なく言う通りにトレーニングしていたら、すごくピッチングがよくなったという経験もある。

昔の監督やコーチのやり方がすべて悪かったわけでもないし、よかったわけでもない。単に、その時点で「いいな」と思うトレーニングを取り入れ、その時点では普通だった接し方をしていただけなのだろう。

今の監督やコーチも、その意味では変わらないはずだ。「いいな」と思う練習や技術をなるべく取り入れ、「やらないほうがいいよな」と思うことは、なるべくやらないようにすればいいだけだ。

結果が出ていない選手を使い続ける理由

若い選手、ベテラン選手にかかわらず「結果が出ていない選手」を監督が起用しているのを見て、「なんで？　あの選手のほうが結果を出しているのに」などと思っている野球ファンもいるだろう。

結果が出ていないのに試合に起用する選手は、端的に言うと、監督が期待している選手だ。もちろん、監督は選手全員に「期待」している。ただし、全員をレギュラーで起用することはできない。それでも「この試合で使ってみたら、どんな働きをするだろう」などと思って起用する、特に期待している選手がいるわけだ。

そういう選手の起用には「復調を待つ」「試してみる」「経験を積ませる」といった意図があり、監督自身の選手経験（現役時代に野手か投手か捕手か）や「こんなチームを作りたい」「こういう選手を育てたい」という思いなどによって、起用法や期間は変わってくる。

たとえば、期待している打者の起用法として代打もあるが、バッティングはなかなか結果が出ないものなので、私はそういう使い方はあまりしなかった。

その点、期待している打者がユーティリティープレイヤーであれば、調子が落ちてきた選手のポジションに先発で起用して何試合も試す、あるいは経験を積ませるということができる。その意味では、ユーティリティープレイヤーの能力は一つのポジションにこだわる選手よりも伸ばしやすいと言える。私がユーティリティープレイヤーの育成に力を入れたのには、そういう理由もあった。

もちろん、監督は常にチームが勝てるように選手を起用する。勝ち続けていくには、より調子のいい選手を使っていく必要がある。だから私の場合、レギュラーでも調子が悪ければ、スタメンから外して、期待している選手を使うこともあった。そして基本的には、期待している選手はその選手が対応できそうな投手に対して起用するようにしていた。つまり私が目指したのは、チームが勝っている中で期待している選手が能力を伸ばしていくというかたちだった。

選手は、負け続ける中ではなかなか成長できない。勝ち続ける中でこそ自分のやるべきことを理解し、自覚が生まれ、スタメンとしての責任感を持つようになる。選手がそこまで成長すると、ここという場面で集中して打つことができるようになる。私の場合、期待している選手がそんなふうに成長できるかどうかを見極めるために起用していた部分もある。

ただし、バッティングのタイミングがズレている、集中力が欠けている、疲れているなど、期待して起用した選手に調子を落としている様子が見えたとき、あるいはコーチやトレーナーからその手の情報が上がってきたときには、早めに別の選手と代えるようにしていた。だから私の場合、「打てなくても辛抱して使う」ということはなかった。

野球ファンは「なんであの選手を使わないんだ」と思うことが度々あると思う。そこには、たとえば公表できないケガなど、部外者には言えないさまざまな理由がある。

基本的に監督は「勝つために何が最善か」を常に考えている。だから、たとえ「あの選手」がいなくても、その日に出場する選手たちがその時点のベストメンバーであることは間違いないだろう。「監督に嫌われて干された」などと噂されたりもするが、チームが勝てなくなったら自分がクビになるのだから、単なる好き嫌いで起用する選手を決める監督などいるはずがない。

もちろん、監督は使わない選手を放置しているわけではなく、早く能力が伸びるように、あるいは早く調子を上げられるように、その選手に合った方策を講じている。

たとえば、調子の悪い選手を二軍に落としているなら、監督は、ずっと上に置いておくよりも下で基本的な練習をやらせたほうが早く調子を取り戻せると判断している。

同じ調子の悪いケースでも一軍に置いておく選手もいる。そういう選手は二軍に落とすとモチベーションが下がる性格の場合が多く、監督が一軍に残しておいたほうが早いと判断したわけだ。

また選手の中には、技術面や体力面の問題ではなく、自分の頭の中だけで考えすぎて調子を崩すタイプもいる。そういう選手は、少し時間をかけて自分を見つめ直したほうがいいので、監督が試合に使わないという選択をするケースもある。

怠慢プレー、ボーンヘッドは誰のせいか?

先に「ミスが起こるのが野球」と述べた。ミスの中には「怠慢プレー」や「ボーンヘッド」と呼ばれるものもある。この二つはたいてい「選手の心構え」ばかりが問題視されるが、私は監督やコーチの責任もあると考えている。

怠慢プレーの代表は「打者がファーストまで全力疾走をしない」というものだろう。ボーンヘッドは、たとえば、走者が打球から目から離して、次の塁に行けるのに行かなかったり、行けないのに行ってしまったりというミスだ。「投手や野手がベースカバーに行かずに進塁されてしまった」というミスなら、怠慢プレーかボーンヘッドか、どちらの可能性もある。

こうしたボーンヘッドは未然に防げるはずだ。ベースカバーであれば、その動き方を声がけも含めて徹底的に練習しておく。走者の打球判断であれば、試合の中でも一塁コーチなり三塁コーチなりがきちんと指示することで防げるだろう。

怠慢プレーに関しても、監督やコーチが日頃からきちんと選手に注意しておけば起こらないはずだ。たとえば、「ファーストまで必ず全力疾走すること、そうしないのは怠慢プレーだぞ」という具合に。

ただし、それでも起こってしまうのが怠慢プレーやボーンヘッドでもある。そのときに監督やコーチは選手を責めるのではなく、まず自分たちがキャンプやオープン戦を通して、選手たちにきちんと練習させていたのかどうか、しっかり注意していたのかどうかを振り返ってみるべきだ。

オープン戦でファーストに全力疾走しなかった選手に対して「怠慢プレーだぞ」と厳しく注意をしたのかどうか。もし注意していなければ、シーズン中に全力疾走を怠った選手を責めることはできないと考えたほうがいい。「前は言わなかったのに、なんで今になって言うんだよ」と選手が反発する可能性が高いからだ。

そういう事態が起こらないように、監督やコーチは「チームのルールにはきちんと従ってもらう。守らなかったときは厳しく注意する」という大前提を選手にしっかり伝えておかなければならない。そのうえで監督やコーチは、常に緊張感を持って選手の動きを見守る必要がある。

もちろん、怠慢プレーやボーンヘッドが起こったら、監督やコーチは厳しく注意すべきだ。ただし、事前に注意していなかったら注意することはできない。監督やコーチは、この大きな違いを理解しておくべきだろう。

野球ファンの間では、たとえばエラーした選手が途中交代すると、「懲罰交代」と言われたりするそうだ。私は監督時代、「懲罰として選手を交代させる」なんて考えたこともないし、一度もしたことがない。

選手はとにかく一生懸命にプレーしている。その中でミスすることがあり、成長とともにミスの数が少なくなっていく。ただ、どんなに好選手になってもミスしないわけではない。

監督やコーチはそこを理解しておかないといけない。そのうえで、自分たちに何ができるかを考えなければいけない。

ミスを減らすには練習するしかない。あとは選手が自らの意思でやるのか、監督やコーチがやらせるのか、その二択になる。

たとえば、監督やコーチが「エラーしたんだから、明日早めに来てノックを受けろ」と命ずれば、選手は嫌々ながらも練習する。しかし、それだと選手の身になる練習にはなりにくい。自主性に欠けるからだ。

選手は、やはり自らの意思で練習したほうが成長しやすい。その意味では、懲罰交代も自主的な練習につながるとは思えない。

ただし、監督やコーチにしてみたら、選手が自らの意思で練習するのをいつまでも待っているわけにはいかない。結局、練習しなかったら同じようなミスを繰り返すだけになる。つまり最終的には、選手が自主的に練習するように、監督やコーチが本人の気づきを促すしかないということだ。

要するに、選手が自ら「練習するしかない」と思うまで待てるかという話だ。私は1回目のミスのあと、練習しなくても黙っていた。2回目にミスして、また練習しなくても何も言わない。3回目にミスして練習しようとしなかったときに、初めてコーチと相談したうえで、コーチから話すのか、監督が話したほうがよいのかを決めていた。

フォアボールは「内容」で判断する

フォアボールを嫌う監督やコーチは少なくない。「フォアボールを出すな」と言われすぎて、つい甘いコースに入って打たれるというケースもある。フォアボールを出さない投手はほぼいないが、監督やコーチがフォアボールを投手交代の目安にする場合も多い。

ただし、フォアボールを出すこと自体が問題なのではない。問題はその内容だ。たとえば、そのフォアボールが攻めに行って出したものなのか、バッテリーが「もしカウントが悪くなったら歩かせてもいい」と意図して出したフォアボールなのか、「この打者はなんとか抑えなきゃいけない」と、力が入りすぎてフォアボールになってしまったのか、「この打者は嫌だな」と逃げてストライクが入らなくてフォアボールになったのか。

そういうことを見極めて、監督やコーチは投手を交代させるかどうかを判断する。監督時代には、逃げているフォアボールが続いたら代え時と考えていた。私は投手出身なので、それがどんなフォアボールかはある程度わかる。しかし、ピッチングコーチの意見も必ず聞くようにしていた。

すると、私には逃げているように見えないときでも、「ちょっと逃げていますね」とピッチングコーチが見ている場合もあった。逆に、私には逃げているように見えたのにピッチングコーチが「勝負に行ったんですけど、フォアボールになっちゃいましたね」という場合もあった。

そういう場合はひとまず続投させて、私とピッチングコーチの意見が「逃げているフォアボール」と一致したときにだけ交代と判断するようにしていた。

若い選手に納得してもらう時代

1982年〜94年の西武ライオンズ（日本一8回、リーグ優勝11回）以降、「常勝チーム」と呼ばれるチームは出てきていない。裏返して言うと、今はどの球団にも優勝する可能性があるということだ。

各チームの戦力が拮抗してきたのには、やはりドラフトの影響が大きい。昔に比べ、今は有望な新人選手が各チームに分散するようになっている。それに「育成選手」という獲得枠からもわかるように、どの球団も選手の育成に力を入れるようになってきた。

今の若い選手たちをうまく育てるには、野球に関する経験や知識はもちろん、コミュニケーションの能力が求められている。

つまり、今の監督やコーチにとっては、特に若手選手にどういうふうに説明したら、本人が納得して練習できるのかという部分が大事な要素なのだ。

要は、言葉づかいや説明の仕方によって、選手の納得感や行動が変わってくる。昔のような「オレの言う通りにしていればいいんだ！」や「黙ってやっておけ！」といった説明なしの命令では、今の選手は動いてくれない。

こういう話をすると、「監督やコーチは何も言わないほうがいいのか」などと思いがちだが、もちろん、そんなことはない。今の若い選手たちが納得するように、監督やコーチは「今の君にはこれが必要なんだよ。そのためには、こういう練習やトレーニングが必要なんだよ」と、本人にしっかり説明できるだけの知識を持つ必要がある、というだけの話なのだ。

選手とのこうした会話をすることのみがコミュニケーションではない。「これ読んでおいて」と紙を渡したり、スマホでメッセージを送ったりしてもいいだろう。

いずれにしても、今の監督やコーチには、選手を上回る知識と丁寧に説明する能力が不可欠と言える。今は、昔のような上からガツンと言ったら選手が動くという時代ではない。むしろ「選手は納得してくれない」ということを前提に、それに合った指導法を監督やコーチが身につけていくほうが賢明だろう。

「プロなんだから、放っておけばいい。伸びない選手はクビにして、また新人を入れればいい」と思う野球ファンもいるかもしれない。

しかし、それでは「勝てるチーム」になっていかない。若い選手が練習して成長するからこそチームに競争が生まれ、レギュラー格の選手もそれに負けまいと練習し、チーム全体の実力が上がっていく。

とにかくプロ野球選手にとって練習が最も大事なことだ。反復練習しなければ技術は身につかない。反復練習するためには体力、体の強さが必要で、それも練習やトレーニングを重ねなければ身につかない。結局、「練習量」がものを言うのだ。

もちろん、闇雲に何でもかんでもやればいいという話ではない。監督やコーチは、その選手に何が足りなくて、どんな練習やトレーニングがどれくらい必要なのか、それを明確に本人に伝えたうえで、コンディショニング担当者などとも話をしながら、選手により多くの練習量を積んでもらうことが大事になってくる。

なぜ相変わらず「左には左」なのか？

私は監督時代、左打者に対して右投手をリリーフさせることもあったが、左対左あるいは右対右のリリーフ起用、左対右あるいは右対左の代打起用をするケースは多い。こうした監督の采配について、野球ファンの中には「左右病だ」と揶揄する人もいるらしい。左打者に対して左投手をリリーフさせる場合、どの監督も、ただ単に「左だから左を出せばいい」と機械的には起用していないだろう。

一般的に左打者は、背中側から来る左投手の球筋が見にくく、体が開きやすいと言われているが、そんな単純な理由ではなく、リリーフする左投手の球種、球威、コントロールなどの特徴や対戦する左打者の左投手への対応力などをきちんと踏まえて判断しているはずだ。

だから、たとえば「この左打者はインサイドに入ってくる球が苦手だから、この右投手のほうがいい」という場合もある。基本的に起用するリリーフ投手の判断は、投手や打者のデータとその日の調子をきちんと見たうえで行われているのだ。

左投手が先発のときに、打順に右打者を並べる場合にも、監督やコーチは打者の調子や相手投手の球種や球威などを踏まえて、たとえば「この打者のスイング軌道ならこの変化球に対応できるだろう」などと、何かしらの根拠をもってどの右打者にするかを決めている。

もちろん、その左投手対策でわざわざ起用した右打者が打てるときもあれば打てないときもある。基本的に10回のうち7回は失敗するのがバッティングだ。その試合で結果が出なかったからといって、監督やコーチの采配を「左右病」などと揶揄するのは、いかがなものかと思う。

コーチや捕手がマウンドに行く理由

私はすごく汗かきで、現役時代にはマウンド上で汗に悩まされた。「タオルが欲しいな」と思った場面は数えきれない。今はピッチングコーチなどがマウンドに水とタオルを持って行ける。助かっている投手は少なくないはずだ。

1試合の中で、監督やコーチ、捕手などがマウンドに行ける回数は、投手交代のときを除いて9イニングで5回までと決まっている。さらに、監督やコーチが1イニングに同じ投手のもとへ1回行ったら、2回目は自動的に投手交代となる。

野球中継で、ピンチの場面に解説者が「ここは間を置いたほうがいいですよ」などと言ったりするので、野球ファンには、さも大事な機会に思えるかもしれない。ただし、マウンドに行ってピッチングコーチや捕手が投手に伝えるのは、人によって異なるだろうが、たいてい「ここは低めを丁寧に投げていこうな」「ここは逃げるんじゃないぞ、勝負だぞ」「ここは気持ちを切り替えてこの球で勝負していけよ」「このバッターは初球に気をつけろよ」といった一言、二言だけだ。

私は現役時代、あまりマウンドに来てほしくなかった。もちろん、監督やコーチには投手や野手に伝えなければいけないことがあると理解していた。たとえば、スクイズがある場面なら守備シフトの確認といったことだ。

ただ、1アウト満塁で「内野ゴロを打たせて、なるべくだったらダブルプレーで」や「ここは三振か内野フライを狙え」など、そんな選手が百も承知の話をされることもあって、正直「無駄づかいじゃないの?」と感じることも少なくなかった。

そういう経験もあって、監督時代に自分がマウンドにわざわざ声をかけに行くことはほとんどなかった。ピンチの場面でただでさえ緊張感が増している投手に、あれこれ言っても効果がないだろうし、変に間を取って集中を乱すのもどうかなと思っていたからだ。

もちろん、投手の中には間を取ってほしいタイプもいれば、私のように間を取ってほしくないタイプもいる。前者のタイプに「間が欲しい」という様子が見えたら、やはりピッチングコーチはマウンドに行ったほうがいい。

だから監督時代、自分はほとんど行かなかったが、間を取ってほしいタイプの投手に、打たれて動揺している、ストライクが入らなくて不安になっている、自分の中で考えがまとめられなくてピッチングが間延びしているといった様子が見えたときには、ピッチングコーチに「マウンドに行ったほうがいいんじゃない？」と促すようにしていた。

また、投手が「集中しきれていない」という心理状態に陥る場合もある。たとえば、際どい球にボール判定が続いてイライラすると集中できなくなる。そういうときにはさっとピッチングコーチがマウンドに行って、「ここはしっかり集中しよう」や「ここはストライク勝負、あとはキャッチャーを信じろ」などと、声をかけたほうがいいと思う。

捕手もマウンドに行くが、昔よりも今の捕手のほうが頻繁に声がけをしている印象だ。

「不安がっているな」「イライラしているな」といったことに対して、丁寧に対応しようとしているのだろう。捕手がピッチングコーチに「来てください」と呼ぶケースもある。その意味では、「間を取ったほうがいい」と思っている捕手が増えているとも言える。

継投が「ギャンブル」になってはいけない

今のプロ野球は、先発投手が100球前後で降板するようになり、リリーフ投手の重要性が増している。ファンの目には、場合によってはリリーフ投手の好不調が勝敗の決め手のようにも見えるだろう。もちろん、昔から投手交代は「監督の腕の見せどころ」とも言われている。

たとえば、勝っている試合の後半で、リリーフ投手の1人がフォアボールを連発したのをきっかけに逆転負けをしたりすると、「あそこであの投手はないよ」などと監督の采配が批判されるのも、その証拠と言える。

それはいいとして、フォアボールを連発したリリーフ投手に対して「おまえのせいで逆転されたんだ!」などと責める声も少なくない。

当たり前だが、監督やコーチはそのリリーフ投手に関して、コントロールがいいか悪いか、ピンチの場面で使える球種を持っているかなど、十分にわかっている。そのうえで起用したのだから、フォアボールを連発しても選手の責任ではなく、やはりベンチの責任だ。

ただし、ブルペンの事情などで「今行けるのは、この投手かあの投手か、2人しかいない」というケースもある。一方は、コントロールは悪いが球威のあるピッチャー。もう一方は、コントロールはいいが球威のないピッチャー。勝っている試合の後半で投げるには、どちらがいいか。その選択はある意味、「ギャンブル」でしかない。

それで、調子のいいときは速いストレートとフォークボールで空振り三振を取るが、悪いときはフォアボールを出し始めたら止まらないというリリーフ投手のほうを起用した。そうしたら調子が悪くて、結果的に継投が失敗に終わった。

もちろん、「賭けに負けたのだから仕方がない」と言いたいわけではない。監督やコーチは継投がギャンブルではなく、きちんとした「計算」になるように、秋や春のキャンプで、リリーフ投手たちに具体的な課題を与えて、それをクリアさせておくべきなのだ。

たとえば、球威はあるがコントロールの悪い投手には「君は球も速い、決め球もある。だけどコントロールが悪いことで安定したピッチングができない。課題は、球威が落ちないようにしながらコントロールをどう磨くかだ。自分なりに改善方法がわかっているなら、それを頑張りなさい。わからないなら、こういう方法がある」などと明確に伝える。

コントロールはいいが球威のない投手には「スピードを求めていくなら、こういう理論や考え方がある。こういう練習やトレーニングがある」といったことを伝えておく。

こうした選手の育成も監督やコーチの大事な仕事であって、その務めをきちんと果たしていれば、シーズン中に「リリーフ投手の二者択一」などという余計なギャンブルもしなくて済むはずだ。

要するに、シーズン中の投手交代のタイミングや起用したリリーフ投手だけに監督の腕が出るわけではない。むしろ、オフシーズンの練習やトレーニングという「準備」の部分こそがその見せどころと言える。

リリーフに失敗したときの声のかけ方

監督やコーチは試合中、基本的にリリーフ投手に対して「思い切って投げてこい！」と励ましてマウンドに送り出すことしかしない。「ダメだったらいつでも代えてやるから」

と。そして、リリーフに失敗したときにも「お疲れ、今日は代わろう。また明日も頑張るぞ!」と、やはり励ますだけだ。

リリーフ投手は明日も投げる可能性が高いし、今日の調子が悪くても明日も悪いとは限らない。つまり、リリーフ投手が失敗したときの監督やコーチの役割は「明日、その選手を頑張らせる」ことだ。

それなのに、「何やってんだ、フォアボールばっかり出して」と責めたら、リリーフ投手のモチベーションは下がってしまうだろう。「コントロールが悪いことを知っているくせに何だよ」と。

もし、一軍でやれるだけの力がないと判断したのなら、「明日から二軍に行って、こういう課題にしっかり取り組むように」と、明確に伝えたほうがいい。

もちろん、これはリリーフ投手に限らない話だ。プロ野球選手の感情面はシンプルで、自分の調子が悪いとき、チームが負けているときは落ち込むし、自分の調子がいいとき、チームが勝っているときは高揚する。であれば、常に選手たちが前を向けるような声がけが大事だろう。

たとえば、負けゲームのあとに監督の私は「勝ち負けの責任は監督が取るんだから、選手は切り替えてくれればいい。今日はきちんとご飯を食べて、しっかり寝て、明日また球場に来て練習をして試合を頑張る。やりたくないなと思って球場に来ちゃダメだよ。よし今日こそはと思って球場に来てほしい」と、シーズン中は繰り返し話をしていた。

選手と真摯に向き合う

監督やコーチは、常に「この選手たちを活躍できるようにしてあげたい」と思っている。だからこそ、いろいろなことを学んでもらうために厳しいことも言う。

そういうときに私は、若い選手たちに「オレに厳しく言われて、思うこともあるだろう。でも、そこからの行動次第で大きく変われるかもしれない。そこで『よし、今に見てろよ』と思えるぐらいの気持ちをもって取り組んでほしい」などと必ず伝えるようにしてきた。

プロ野球選手は、やはり「負けて悔しい」という感情から次の行動に移っていくのである。

また、今の若い選手たちに何か説明したあと、「どう？　わかる？」と聞くと、「半分はわかるんですけど、半分はわからないですね」というふうな答え方をする。これは上手くなりたい、試合に出たいと思う若い選手にとって絶対的に必要な素直さだと思う。

だから私は、そういうときにわかるところを確認したうえで、「あと何が知りたいの？」と尋ね、わかるまで丁寧に説明するようにしてきた。

私自身、わかるものはわかる、わからないものはわからない、でも、わからないままにしておきたくないというタイプなので、感覚的には今の若い選手に近いのかもしれない。

ミスがあるのが野球

負け試合のあとに「あそこで守備のミスがなかったら」「あのチャンスで1点取っていれば」といった言い方をする人もいる。私はこの「たられば」が好きではない。「結果論」に過ぎないからだ。

勝敗が決したあとはどうとでも言える。「たられば」が通るなら全部の試合に勝てる。そうならないのが野球であって、守備でミスしたり攻撃で打てなかったりするのが野球だ。

一方で、相手チームにミスが出て勝つ場合もある。たとえば、ワイルドピッチやパスボール、イージーなゴロのエラーで決勝点が入ったりする。これは、いわば想定外のワンプレーだ。そういうラッキーな勝利があるのも野球なのだ。

野村克也さんは「勝ちに不思議の勝ちあり、負けに不思議の負けなし」と言った。すべてのプレーを思い通りにはできない。だからミスは必ず起こる。そして、その中に負けにつながるミスがある。結果的にそれが敗因となる。

要するに、監督やコーチにとって大事なのは、ミスが起こることを前提にして、ミスが負けにつながらないように、ミスが出た後の采配に集中することだろう。

たとえば、エラーした選手に対して、監督が「何やってんだ！」と怒鳴ったら何か変わるのか。怒鳴ったところでエラーを取り消すことはできない。

では、どうするのか。次はエラーしないように選手自身が頑張れるようにもっていくしかない。

エラーした本人が一番落ち込んでいる。それなのにわざわざ監督やコーチが怒鳴るのは、選手に責任を被せているようにも感じる。自分たちが起用した選手がうまく動けないのは、最終的には自分たちの責任だ。

同じたられればでも、監督やコーチには「この選手がミスしていなかったら」ではなく

「もっとキャンプで練習させていたら」「もっと守備を重視していれば」といった反省のほうが次につながるだろう。

第5章

培われた「プロ」としての野球観

野球に「流れ」はない

野球には「メンタルが削られる」状況がある。たとえば、投手なら守備陣がイージーミスのエラーをしたとき。投手本人は次のバッターを抑えることに集中しているつもりでも、普段に比べて集中力が欠けた心理状態になりがちだ。そこから連打やフォアボールが出て2点、3点と取られたりすると、投手はいわばメンタルのスタミナが削られていき、さらに集中力を失っていく。

これは野手にも言えることだ。そういうゲーム展開で守備の時間が長くなると、体力よりもメンタルが削られる。それで集中力が低下してエラーしやすくなったり、バッティングに悪影響が出たりする。

こうしたエラーやフォアボールが重なった場面で、よく野球中継では「流れが悪いですね」と言ったりするが、私は「流れ」という言葉が好きではない。そもそも流れが何を意味しているのか、曖昧すぎるからだ。

「悪い流れを断ち切りました」「いい流れが来ています」「流れが変わりますよ」など、そんなふうに言われても、わかったようでわからない。今のエラーで流れが悪くなった。今のホームランで流れがよくなった。しかし、試合はそのワンプレーで負けるわけでも勝つわけでもない。

「流れを言い換えると何ですか?」と聞くと「チームのムード」と答える人もいる。しかし、試合中にチームのムードがいいのか、悪いのか、外から見てわかるものではない。そうなると、流れがいいとも悪いとも言えないはずだ。あるいは、エラーもフォアボールもまったく気にしない明るいムードのチームなら、ずっといい流れのチームということになる。

もちろん、ベンチにいる監督やコーチは「ミスがあったから雰囲気が悪い」「ミスを取り返そうと打ち急いでいる」といった選手たちのメンタルの部分の変化がわかるし、悪ければ、それを立て直そうとする。

要するに、流れにしてもムードにしても、先ほど述べた集中力、あるいはモチベーション、やる気といったいろいろな選手の心理的な要素を一つの言葉にまとめたものに過ぎない。一から説明をするのが難しいので、一般的に通じる流れやムードという一言で済ませているのだろう。

その意味では「野球に流れはない」と言ったほうが正確だ。どうしても抽象的な言葉になりがちだが、メンタルの部分の表現の仕方にしたほうが野球の面白さはより具体的に伝わるはずだ。

ファンが知らない情報を伝えるのが解説者

野球中継の解説者には、今、目の前で起こっているプレーについて話すだけでなく、未来のプレーを予測して、ファンにワクワク感を持たせてあげる役割があると思う。たとえば、投手が相手打線を3人でポンポンポンと打ち取って、「いい流れになりましたね」と話すのには、ファンに「じゃあ、次はいい攻撃ができるかも」と期待を持たせる効果があるだろう。

私は、先に述べたように「流れ」という言葉は好きではないが、野球ファンが「いい流れ」という表現でワクワク感を抱いてくれるのであれば、やはり必要な言葉だろうとは思っている。

私が野球解説で意識しているのは「ファンの目から見えない部分を伝える」ことだ。「今のプレーの素晴らしさはこういうところです」や「この選手は普段こういう練習をしているから、それが今日の試合に出ました」といった、中継を見ているファンがなかなか知り得ない情報をできるだけ話すようにしている。

たとえば、2アウト満塁の場面でゴロエラーが出たときでも、ファンはみんな「ああ、やっちゃった」と思うはずだから、そこで同じように「もったいないです」などと言う必要はない。そのときに解説者が話すべきは、やはり「このエラーがどうして起こったのか」というファンからは見えにくい部分だろう。具体的には「走者の足の速さが気になって、慌てましたね」や「今の打球は回転が不規則で、難しいバウンドでした」といった解説になる。

「勝ち方を知っているチーム」とは?

野球中継で「勝ち方を知っているチーム」や「野球を知っているチーム」という言い方を耳にしたことがあると思う。確かにそういう表現がぴったりのチームはある。

1980～90年代の常勝チーム時代の西武ライオンズがそうだった。ここで自分が何をすべきか、選手一人一人がよくわかっていて、大事な場面で集中力を欠くような選手は一人もいなかった。

たとえば、走者二塁で打順が回ってきたとき。逆方向に打って、最低でもセカンドゴロで走者を進めようとするのか。次の打者に回そうと、粘ってフォアボールを取ろうとするのか。それとも逆方向もフォアボールも考えず、タイムリーヒットを狙うのか。

もちろん、クリーンナップか下位打線か、あるいは1・2番か6・7番かによって、試合の中で果たすべき役割は変わってくる。そういう自分の役割のほか、自分の打力や相手の守備能力もわかったうえで、冷静に自分の今やるべきことに集中して、自分が意図した通りの結果を出す。

常勝時代の西武ライオンズには、そんな野球をよく知っている選手がそろっていた。そういうチームが勝ちを積み重ねていくと、周りから「勝ち方を知っている」と言われるようになるのだ。

野球中継では、選手やチームに対して「優勝した経験があるのが強みですね」といった言い方も出てくる。確かに勝った経験は大事だと思うが、より詳しく言うと、勝てなかった選手たちが練習して勝てるようになったという経験が試合の中で役に立つのだ。

たとえば、ピンチの場面でエラーが出て負けたから練習して同じエラーをしないようにする。チャンスの場面で逆方向に打てなくて負けたから練習して逆方向に打てるようにする。こういう練習は1回で終わりではない。現役のプロ野球選手である限り、守備でもバッティングでもミスをするのだから、2回、3回、4回と、そのたびにキャンプはもちろん、シーズン中でも練習を繰り返す。

守備にしてもバッティングにしても、少しでもミスを減らしていく。そういう練習の繰り返しの中で、少しずつ守備力、打力が上がっていく。

そして何年か試合に出続けているうちに、対戦相手のことや自分の役割などもわかってくる。たとえば、走者二塁のときに相手投手が自分に投げてくる球も予測できるようになる。すると、「ここで逆方向に打つのが自分の役割だ」とわかっている選手の場合、狙い球を絞って簡単に逆方向に打てるようになる。

選手たちは試合中に、よい経験もするし悪い経験もする。その経験を通して、自分が活躍するためにはどんな技術が必要かをしっかり考えて、繰り返し練習して、実戦で使えるようにする。これも経験だ。

こうした経験の積み重ねが結果的にチームの優勝につながっていく。だとしたら、「優勝した経験」というのは、そこに至る試合の経験と練習の経験、そして選手はもちろん、監督やコーチの試行錯誤を総合したものと言える。

勝ったチームが強い！

野球は「強い」と言われているチームが勝つとは限らない。たとえば、2024年のセ・リーグのクライマックスシリーズを見たらわかるだろう。シーズン優勝を果たした読売ジャイアンツに、3位だった横浜DeNAベイスターズが勝利し、日本シリーズ進出を決めた。また、勝ったことがあるチームが強いとも言えない。優勝経験がある選手たちが力を出せれば、また優勝して強いチームになれるが、連覇は難しい。23年日本一の阪神タイガースが24年はセ・リーグ2位、クライマックスシリーズでも横浜DeNAベイスターズに敗れてしまった。

要するに、野球は勝ったチームが強いのだ。強いチームが勝つわけではない。逆に言うと、シーズン前に「今年はよくてAクラスかな」と思われていた戦力不足のチームでも、シーズン優勝する可能性が十分にある。

もちろん、監督は優勝を目指して、いい先発投手、いい中継ぎ、いい抑え、いいクリーンナップ、足の速い選手と、優勝が狙える戦力をそろえたい。そろっていなければ補強して、あるいは育成して補おうとする。ただし、十分な戦力がそろっていても、実際の試合で監督の計算通りに選手たちが活躍できるかどうかは、1年やってみないとわからない。

結果としてシーズン優勝できなかったら、また戦力をプラスアルファしなければいけない。たとえば「秋からの練習で各選手の能力をもう少し伸ばしたら、来年は勝てるチームになるはずだ」と、監督は強化策を考えて実行する。

当たり前だが、負けたら負けたで課題があり、勝ったら勝ったで課題がある。その課題をどうクリアして1年間戦えるチームにするか。秋と春のキャンプの成果が出て、そのシーズンに優勝したときに、ようやく監督は「このチームは強くなった」と実感できるのだ。

常勝チームをつくるために

先ほども言ったように、80〜90年代の西武ライオンズ以降、「常勝」と呼ばれるチームは出てきていない。私は福岡ソフトバンクホークスの孫正義オーナーに「V10できる常勝チームをつくってほしい」と言われて監督に就任したが、在任7年間で日本一に5回なったものの、リーグ優勝は3回しかできなかった。

常勝チームをつくるには、当然、常に選手の能力アップが不可欠で、そのためには選手本人の努力はもちろん、監督やコーチの適切なアドバイスなどソフト面と、練習設備や機材などハード面の両方の充実が大事になる。

ハード面に関して、今は12球団の間にほとんど差はないはずだ。トラックマンやホークアイ、モーションキャプチャーといったデータ収集や動作解析の機材が多くの球団に導入されている。

ただし、収集されたデータや動作解析の結果を選手の能力アップにどう結びつけるかは、監督やコーチ、トレーナーの理解度によって大きな差が出るだろう。選手のデータなどを踏まえて、どんな練習やトレーニングをしたら、選手の能力が伸び、実際の試合でのパフォーマンスが上がるのか、しっかり理解できている人間が選手それぞれに合わせてアドバイスする必要があるからだ。

たとえば、ある程度の負荷がかかる練習やトレーニングであれば、ケガをしないように、監督やコーチとトレーナーなどがしっかり連携して、選手のコンディションを管理しなければならないだろう。

もちろん、常勝チームをつくるためには選手のモチベーションも大切だ。今は昔よりも「真面目」な選手が多いと感じるが、やはり練習やトレーニングの成果が見えないと、それに取り組むモチベーションはなかなか維持できない。

つまり、打者であれば「こんなに打球が飛ぶようになった」、投手であれば「こんなに速い球が投げられるようになった」という選手自身の実感が大事なのだ。

昔に比べて今は選手たちの持っている「知識」が増えたように見えるが、生きた知識かと言えば、そこは疑問である。いろいろな「情報」は知っていても、経験がない部分はどうしても理解度が低くなるからだ。

とりわけ「自分の未来」は見えないので、選手は「こんな練習で本当にうまくなるのか」などと不安になりやすい。しかも今の選手はいろいろな情報を持っているので「こっちよりもあっちのほうがいいんじゃないか」と迷いがちだ。

そういう選手に対して、監督やコーチは「この練習は君のウィークポイントのここを改善するためのものだから、それを意識して続けていくと、これができるようになるよ」など、丁寧に説明しながらきちんと未来を見せてあげる。そうすることで、選手は高いモチベーションを維持できるのだ。

昔のプロ野球は、どちらかと言うと「自分でうまくなりなさい」「自分で考えてやりなさい」というスタイルだった。だから自分一人で考えて努力するのが基本で、時折コーチがサポートしてくれる程度だった。

今は選手をサポートすることが普通になっている。そのメンバーも増えて、監督やコーチ、トレーナーだけでなく、コンディショニングやメンタル担当の専門スタッフもいる。選手を見守る目が増えれば増えるほど、選手の成長は速くなるはずだ。

その意味でも、今のプロ野球で「常勝チーム」をつくれるかどうかは、選手のパフォーマンスをより速く上げる練習やトレーニングのプログラムをどう組むか。そして、それを実行する選手本人の努力はもちろん、監督やコーチとトレーナーなどが選手それぞれに合ったサポートをしっかりできるか。こうしたソフト面の成否にかかっていると言える。

「負けたら悔しい」と思う気持ちが大事

常勝チームをつくるには、一度優勝しなければならない。そのためにどうするか。もし私が低迷しているチームの監督になったら、まずほとんどの選手に秋のキャンプに参加してもらうだろう。そして「なぜチームが勝てなかったのか、自分のプレーで何がうまくいかなかったのか、自分の心に聞いてみよう」という話をする。

また、プロ野球選手には「負けたら悔しい」と思う気持ちが人一倍なければいけない。勝負事は「あーあ、負けちゃった」では成長できない。悔しさがあるからこそ、自分自身の思考が働き、行動へとつながっていく。悔しさは、そういった原動力の1つになると思っている。そのうえで「悔しいんだったら練習しよう。人の何倍も苦しもう。12球団で一番苦しんだチームが優勝できるんだ」と伝える。

優勝したいなら全選手が頑張って練習するしかない。練習メニューに対して「あれやりたくない、これやりたくない」というわがままもプロ野球という厳しい世界では通用しないのである。

うまくなる、技術を身につけるには反復練習するしかない。妥協は一切しない。「こんなにもやらなきゃいけないのか」という練習をしてこそ、「オレたちはここまでやったんだ」という自信が芽生える。

秋のキャンプは現状を知ってもらい、悔しさをバネに練習をしてもらう。もちろん、それで終わりではない。春のキャンプまでにクリアしておくべき課題も出す。たとえば、先発投手なら「キャンプ初日からブルペンで100球投げられるように体を仕上げておく」という具合だ。

春のキャンプに来たときに課題をクリアできていなかったら、できるまで向き合ってもらう。

プロ野球選手は一人一人が「よし、やるんだ」と自らを奮い立たせて、自ら練習しないといけない。誰かに元気づけてもらおう、誰かに何かをしてもらおうでは生き残れない。そのうえで足りない部分を周りがサポートする。これがプロ野球の本来の姿だ。

そして公式戦では「ここで抑えていたら」「ここで打っていれば」など、後ろ向きに後悔しながらプレーしていても、いい結果には結びつかない。とにかくポジティブにプレーすること、失敗することを恐れないで向かっていく気持ちが大事になってくる。

結局、練習量がものを言う

私自身、どのようにコントロールを磨いたかというと、たくさん投げてとにかく練習をした。その中で、たくさん投げるために効率のいい投げ方、体の使い方を自分なりに追い求めた。その結果として、下半身をうまく使ったフォームになった。つまり、あの投げ方は十分な練習量を積むためのものだった。

私のような昔のプロ野球選手に比べて、今の選手、特に若い選手は「あんな練習は無駄だ、こんなの必要ない」と思いがちだ。しかし、なぜチームが勝てないのかと言えば、結局は選手の練習量が少ないからだ。

秋のキャンプ、オフの期間、春のキャンプの練習量が少ないと、シーズン途中で疲れて、抑えたくても抑えられない、打ちたくても打てない、動きたくても動けないとなる。練習量の少しの差が積もり積もって、シーズンに入ってから大差となって出てくるのだ。

今の選手は練習方法や技術などいろいろな情報に接している。選手の中には、キャンプやオフに何か新しい練習や技術に取り組んでみたがうまくいかず、そのままシーズンに入って、成績が出せないというケースもある。投手で言えば、フォームを崩して勝てないといったパターンだ。

そういう失敗の経験も次のシーズンのプラスにできればいいだろう。ただし、プラスにするためには高いモチベーションやコンディションのよさが必要で、これもキャンプやオフに何をするかによってまったく変わってくる。

オフだからと遊んでいるような選手は成長できないし、モチベーションやコンディションも維持できない。休むのは引退してからだ。やはりプロ野球選手は現役の間、ずっと練習し続けなければいけない。

レギュラー選手であっても、もっといい選手が出てきたらすぐに取って代わられる。自分の力が落ちて若い選手の力が伸びたら、レギュラーから外される。それが嫌ならしっかり練習やトレーニングを続けていくしかないだろう。

勝てるチームと勝てないチームの差は？

24年パ・リーグの1位福岡ソフトバンクホークスと6位埼玉西武ライオンズのゲーム差は42だった。ただし、ゲーム差は「実力の差」ではない。たまたまそのシーズンに限って、調子の悪い選手が多く出たというだけでチームの勝率は5割を大きく割ってしまう。そのうち半数の選手の調子がよくなれば、次のシーズンは5割近く勝てるようになるし、好調の選手がもっと増えれば5割を超えられる。プロ野球のペナントレースとはそういうものだ。

プロ野球チームは少しのきっかけで勝てなくなる場合もある。「なんとかしなきゃいけない」といろいろな手を打っても、ことごとく裏目に出てしまうことがよくあるし、「苦手意識」などもある。たとえば、埼玉西武ライオンズは24年シーズン、千葉ロッテマリーンズに4勝21敗と大きく負け越した。

同じチームに負け続けて苦手意識を持ってしまうと、先制点を取ったあと同点に追いつかれただけで、選手の心の中に「今日もダメかな」という不安がよぎる。そういうネガティブな気持ちがメンバーの中に広がると、チーム全体の雰囲気がネガティブになって、それが結果的に負けにつながるということが起こりがちだ。

これは、選手それぞれは他のチームと対戦するときと同じように前を向いてプレーしているつもりでも、チーム全体としてポジティブにプレーできていない状態と言える。チーム全体が「今日は勝つんだ」というポジティブな雰囲気にならないと、こうした苦手意識はなかなか払拭できない。

では、チーム全体のポジティブな雰囲気をどうやってつくるのか。常にポジティブな言葉を表に出すことが不可欠だ。だから、たとえば同点に追いつかれたときには、選手みんなで「今日もダメかな、じゃないぞ。今日は勝つんだ！」「よし、なんとかしてやるぜ」「オレたちはこんなもんじゃない」といったポジティブな声を常に出すようにする。

前向きな声出しができないというのは実力の話ではない。しかし、それによってチームが勝てなくなるきっかけになる可能性は十分にある。

自分の体と向き合うのがプロ野球選手

選手には好調のシーズンもあれば不調のシーズンもある。不調にはいろいろな原因がある。その多くは、体のコンディション不良が大きな原因だ。

私も現役時代、成績が悪かったシーズンを何度となく経験した。肘が痛くて悩んだシーズンもあれば、肩が動かなくなったシーズンもある。ある程度の年数、プロ野球でプレーしていると、選手の体には何かしら異変が生じる。それがプレーできないほどの症状として表に出る場合も、まったく表に出ない場合もある。

また、若い頃は痛かったけれども、ある程度年齢がいくと痛みを感じなくなるというケースもある。私の肘痛がそうだった。原因は骨が変形する変形性関節症だが、痛み止めを使って投げ続けていたら、痛いともなんとも思わずに普通に投げられるようになった。ただ、左肘を目いっぱい曲げても、指先が左肩にまったく届かない腕になってしまったが。

痛いところが年々変わるケースもある。去年は肘、今年は肩、次の年は腰、膝、足首……となる場合もある。もちろん、選手によって痛い箇所はさまざまだ。

多くの選手がどこかしら痛くても、懸命にプレーをしている。そういう「持病」が原因で成績が出ないシーズンもある。野球ファンには、選手たちのこうした頑張りの部分も心にとめてもらえるとありがたい。

「温情」に甘えてはいけない

選手はオフの間、「2月からキャンプ、オープン戦、シーズンと長いから、休めるうちに休んどかなきゃ」と考えがちだ。「ケガしたくない」という思いもある。年齢を重ねれば、より一層思うかもしれない。

ただ、プロ野球は本来、「いいよ、休んで。でも、成績を残せなかったらクビだよ」という世界だ。自分がどんなに野球をしたくても球団が契約しない限りは野球ができない。ベテランといえども、毎年いい成績を残し続ける必要がある。だから、いいコンディションを保つためにも、本当に休む時間はない。

野球ファンの中には、ベテラン選手に対して、「長年チームに貢献してきたんだから、今年ダメでもクビにはならないよ」と思う人がいるかもしれない。しかし球団としては、成績を残せないベテランにお金を払うくらいなら、成長している若い選手たちにお金を出したほうがいいと考えるのが普通だろう。

大リーグでは、ベテランに対して「契約が終わりました、はい、お疲れ様でした、もう契約しません」というドライな対応が当たり前だ。その点、日本のプロ野球は、昔も今も引退の花道を用意するといったウエットなところがある。そういういわば温情にベテランが甘えてしまうのは非常に危険だと思っている。若手でも、ベテランでも、プロ野球選手として努力をすることに変わりはないのだろう。

「体力」がプロ野球選手の一丁目一番地

投手には先発、中継ぎ、抑えというぃわばポジションがある。私も西武ライオンズの3年目くらいまでワンポイントや中継ぎのリリーフ投手で、4年目くらいから先発に起用されるようになった。先発投手の場合、ローテーション入りをめぐる競争が野手におけるレギュラー争いに当たるだろうか。

その投手を先発、中継ぎ、抑えのどこに配置するかは、基本的に監督やコーチが決める。選手の要望を聞くのは、ある程度成績を残してからになる。だから、たとえば「今シーズンも中継ぎで頑張ってくれ」などと話したときに「頑張ります」と言っていても、本当は「先発したい」という思いを持っている中堅のリリーフ投手はいる。

そういう選手が、シーズンオフに「来年は先発をやらせてほしい」と監督やコーチに要望を伝えてくることもある。その場合、他の先発投手との兼ね合いなどをピッチングコーチと話したうえで、「じゃあ1年、先発投手をやってみよう」となるケースもある。

福岡ソフトバンクホークスのモイネロ選手は24年シーズンにリリーフから先発に転向して、25試合に先発登板、11勝5敗、防御率1・88（パ・リーグ1位）という好成績をおさめた。モイネロ選手はもともと「先発投手になりたい」という強い意欲を持っていて、以前から1年間先発を続けられる体づくりをしっかりやってきていた。モイネロ選手が先発に転向して活躍できた最大の理由はこの点にある。

監督やコーチは本人が先発をやりたいからやらせるということはしない。先発に転向させる場合、本人に先発投手に必要な体力面などの条件を伝え、それを本人がしっかり理解して、オフの間にきちんとクリアできたときに初めて先発として起用する。

ファンの間では「リリーフでも先発でもいい成績を残して、モイネロ選手はすごい能力の持ち主だ」などと単純に称賛されているかもしれない。しかし私から見れば、モイネロ選手の本当のすごさは、先発に転向するためにしっかりと準備してきたという「隠れた努力」にこそある。

こうした準備する努力の大切さは野手も同じだ。レギュラー選手はシーズン中、１４３試合に出続けなければならない。今は全試合出場に重きを置かない時代かもしれないが、それでもレギュラー選手になりたければ、１４３試合に出続けるための準備は不可欠だ。とりわけ体力的に全試合出場が無理な選手では、到底レギュラーになれない。それはプロ野球の野手が理解しておかなければならない一丁目一番地の条件と言える。

また、レギュラー選手は調子の波が小さければ小さいほどいい。特にバッティングにおいてはそうだ。これは監督やコーチがレギュラーを決める際の重要なポイントになる。

選手たちはレギュラー争いの中で、こうした体力や技術に関して自分に足りない部分がわかってくる。足りない部分をオフに強化できれば、当然、レギュラーに近づける。

143試合に出続けるための準備は、レギュラー選手にも求められる。それを怠ればレギュラーの座は守っていけない。要するに、プロ野球選手には現役である限り、やり続けなければならない隠れた努力が不可欠ということなのだ。

「心」が成長してこそ！

選手の成長には体力面も技術面もある。私が選手の成長を最も感じるのは、自分が考えていること、取り組んでいることを自分の言葉で、きちんと話せるようになったときだ。

たとえば、秋のキャンプに入るときに「来シーズンに向けて改善したい点は？」と聞いたときに、自分が目指しているバッティングやピッチング、そのためにクリアすべき現状の自分の課題、その具体的な練習方法などについて自分の言葉で答える。そういう話が本人の口から聞けると「成長したな」「来年はやってくれそうだな」と思う。

「もっと勝つためにはこの変化球が必要だと思う」「インサイドのさばきを課題にして身

につけていきたい」といった技術面の話にしても、「今の自分」にしっかり向き合っているかどうかが重要だ。単に自分の理想を語るだけでは意味がない。自分の現状をきちんと認識したうえで、秋のキャンプの課題だけでなく、オフの期間、春のキャンプと、シーズンインまでに自分がクリアすべき課題を、どこかから借りてきたような言葉ではなく、自分自身の中から出てくる言葉で語れるかどうか。

もちろん、秋のキャンプ前に話が聞けなくても、たとえば、春のキャンプのときに「体が大きくなったな」と感じた選手に「オフのトレーニング、頑張ったんだ?」と話しかけると、「この部分をこうしたいと思ったので」や「このままではダメだと思って、これをやってきた」といった明確な答えが返ってきたりする。そういうときにも「成長したな、期待できるな」と感じる。

そして、選手にそのような成長が見られたときには、野手であれば守備のポジションのことなども本人と話したうえで、コーチと「試合で使ってみようか」という話をする。

2024年シーズン、福岡ソフトバンクホークスの甲斐拓也選手の打率は2割5分6厘と、前年の2割2厘から大きく上がった。コンディションのよさに加え、スイングの改造が奏功したと言われているようだが、私は、海野隆司選手が第二捕手として併用されるようになった影響も大きいと見ている。

もしかしたら甲斐選手は、千賀選手とのペアで活躍し始めた自分の若い頃と、海野選手が活躍する姿を重ねているかもしれない。千賀選手と一緒に能力を伸ばした甲斐選手にとって、いわばレギュラー捕手の座を奪取する始まりだった。今、海野選手の存在によって逆の立場になっているという意味では、甲斐選手が危機感を持ってもおかしくない。

そういうある種の危機感が、これまでにない「よし、今年はやってやるぞ」とか「守りだけでなく打つほうも評価してもらえるように頑張るぞ」といった心の変化を甲斐選手にもたらしたのではないだろうか。

選手の成長にとって、こうした心の変化が最も大事なものだと私は考えている。「自分はこれでいいんだ」と思うのではなく、「もっと自分を高めるためにどうすればいいか」と考え続ける。これはプロ野球選手が長く活躍し続けるために不可欠なマインドだ。

引退するまで「もっとうまくなりたい」と思い、そのためには「ここを磨かなきゃいけない、あそこを磨かなきゃいけない」と考え、「もっといい方法はないか」と探究していく。そして、それをしっかり行動に移していく。

甲斐選手はそういうマインドをもって、24年シーズンに向けて、前年の秋からさまざまな準備をしたからこそ、いい成績を残せたのだろう。24年シーズンの甲斐選手に関しては、監督時代に感じていた彼の成長の、もう一段階上の成長を見られた気がする。

捕手は野球の要

監督時代、甲斐選手と「交換日記」をしていた。「絶対に外に出さないから、本音を書け。オレも本音で、お前のダメなところも書かせてもらう。オレの悪口を書いてもいいんだぞ」と伝えて、18年から始めた。甲斐選手がその日の試合や練習で感じたことを書き、私がそれに対してコメントするようなかたちだった。甲斐選手はあまり本音を書いていなかったと思うが、私は本音で書き続けた。

交換日記までしたのは、捕手が野球チームの扇の要、最も大事なポジションだからだ。よく4番やエースと言われるが、私の野球観では捕手のほうが断然に重要だ。甲斐選手がレギュラーに定着し始めたのは17年から。以来、遠征先のホテルの部屋などで3時間くらい話すことも度々あった。

1995年に福岡ダイエーホークスに移籍したとき、王貞治監督から「城島を一人前の捕手に育ててくれ」と言われ、入団1年目の城島健司くんには厳しく接したが、さすがに交換日記はしていない。現役の選手同士と、監督から選手への指導の仕方は、厳しさに変わりはないが、やはりやり方は変わる。

甲斐選手とは監督1年目、彼がまだ二軍のときに話をした。第一に素直なところ、そしてもっとうまくなりたいと強く思っている姿が印象的だった。能力的には、捕ってから投げるスピード、肩の強さ、ブロッキングが特に優れていた。「扇の要に育てよう」と思って、2016年から一軍で使い始めた。

城島くんも甲斐選手と同じように素直で向上心の強い選手だったと言える。城島くんには、バッテリーを組んだときに毎イニング、「あの球はどういう意図で要求したんだ？」といったことを事細かく問い続けていた。そのときはうまく答えられなくても、次の日にデータのようなものを示して、ある程度の答えを返してきたから、自分なりに相当勉強していることがよくわかった。

城島くんに配球のことを教えたように聞こえるかもしれないが、当時は私自身、配球の勉強を本格的に始めて間もない頃だった。そういった一つ一つのやり取りの中で、城島くんからもたくさんの学びや気づきをもらった。ともに学び、一緒に成長できたと思っている。

西武ライオンズ時代の私は、正捕手の伊東勤さんのサイン通りに投げるだけだった。自分で配球を考えるようになったのは福岡ダイエーホークスに移籍してからだ。きっかけはライオンズ時代には打たれなかった球が打たれるようになったこと。「同じ球種、同じコースなのになんで？」と考えたときに、初めて「伊東さんのリード、配球があったから打たれなかったんだ」と気づいた。同時に、遅ればせながら伊東さんのすごさがわかったわけだ。

広岡監督のもとで身につけた「プロの基本」

私が西武ライオンズに入ったときの監督は広岡達朗さんだ。投内連携だけで2時間といった猛練習の毎日だったが、私は、そういう練習量がプロ野球チームでは当たり前だと思って育った。監督やコーチから「やれ！」と言われたら、みんな「はい！」と言って黙々とやる時代だったし、そのやり方で入団4年にして、3回のリーグ優勝と2回の日本一を経験したから、何の疑問も持たなかった。

広岡監督時代の4年間に技術的に伸びたかどうかはわからないが、その猛練習のおかげで「どんなに練習しても壊れない強い体」を手に入れたことは確かだ。猛練習が当たり前というマインドと強い体という土台があるからこそ、実働29年間も現役を続けられたと思っている。だから広岡さんには非常に感謝している。

プロ野球ファンの中には、広岡さんに対して「冷酷な絶対権力者」というイメージを持っている人もいるかもしれない。しかし、4年間一緒に野球をした私に言わせると、何事も理論立てて、きちんと選手に話をする監督だった。

広岡さんは、野村さんのID野球よりも早く「データ野球」を行った監督でもあった。頻繁に選手たちを集めてミーティングもした。そういうときに、よく広岡さんは「野球必勝法70か条・野球必敗法70か条」という小冊子を使って「どうしたら試合に勝てるのか」という話を事細かく説明していた。

当時は知らなかったが、後年、小冊子「必勝法・必敗法」は読売ジャイアンツのV9時代の監督、川上哲治さんのもとでコーチを務めた牧野茂さんがロサンゼルス・ドジャースの戦術を取り入れて作ったものだと聞いた。

内容は、必勝法の第1条が「良い肉体的なコンディションをつくり、それを保て」、必敗法の第1条が「投手守備のまずさ」という具合だ。守備の連携やバント、右打ちといったことも含め、選手がチームの中でやらなければいけないことや心構えなどがそれぞれ70項目記されていて、必勝法の逆の内容が必敗法という感じになっている。

広岡さんには、投手のファーストベースカバーの練習で、「ベースを見なくても踏めるようになるまで練習しろ」と言われた。「そんなの無理だよ」と思ったが、練習しているうちに自然とできるようになった。必勝法の第16条に「投手は、自分の左側へのすべての打球に対して、直感的に一塁ベースへ走り出さねばならない」とあるから、それを広岡さんなりに解釈して練習させたのだろう。

当時の西武ライオンズは、練習で手を抜いたり試合でミスしたりすると、監督やコーチに怒られなくても先輩選手に怒られるチームだった。練習量だけでなく、そういう厳しさも常勝チームになれた要因の一つだと思う。

また、私が入団した頃から西武ライオンズには、当時としては珍しい内野のシートノックができる広い室内練習場があった。選手の寮も他球団に比べて立派だった。こうした充実した施設も豊富な練習量を可能にした要因の一つと言える。

日本野球の魅力とは？

23年WBCの侍ジャパンの優勝の瞬間、「やったー！」と叫んだ。大リーグのほぼオールスターメンバーによるアメリカのベースボールに勝って、日本の野球が世界一だから、すごいとしか言いようがない。

優勝したからこそ素晴らしいのかもしれないが、とにかく23年WBCで見せた日本チームの野球は素晴らしかったし、すごいと思った。「日本の野球」をどう定義するかは難しいけれども、日本の野球文化が世界の舞台で認められたような気持ちにもなって、本当に嬉しく思った。確かに大谷選手の活躍も素晴らしかったが、その前を打った近藤選手の活躍なくして世界一はなかったと思う。さらに周東選手の走塁、メキシコ戦での村上選手のヒット、アメリカ戦での岡本和真選手（読売ジャイアンツ）のホームランなくして世界一はなかっただろう。

投手も打者も、みんなで力を合わせたから勝てた。あのメンバーの誰一人欠けても世界一にはなれなかったと考えると、人選した栗山英樹監督も素晴らしい。さらに選手をサポートしたコーチ、トレーナー、環境整備をしたNPBの関係者、いろいろな苦労はあっただろうが、本当によくやったと思う。

その中で、私が23年WBCを見ていて一番感動したのはチェコ戦だった。試合内容というよりはチェコの選手たちの野球に対するリスペクトが素晴らしかった。デッドボールを当てた佐々木朗希選手（千葉ロッテマリーンズ）が試合の翌日、宿泊先を訪ねてお菓子などを渡していたが、チェコの選手たちの紳士的な態度にも感動した。

国を代表して日本に来ているのだから勝ちたい気持ちも強いはずだが、正々堂々のスポーツマンシップが前面に出ていた。

球場に詰めかけた観客もチェコチームのナイスプレーに惜しみなく拍手を送っていた。あれが野球の本来の姿なのだろう。

あのチェコ戦で感じたのは、選手たち、ファンたちの野球に対するリスペクトだ。だからとても温かい気持ちになった。

プロ野球選手は正々堂々のスポーツマンシップを前面に出すことは難しいかもしれない。しかし、そういう部分をもっと出すほうが野球ファンはより増えると思う。

野球は「絶対」がないから面白い

野球中継を見ていて、解説者が「ここは絶対インサイドにいっちゃダメですよ」などと話しているのを聞いたことがあると思う。

私は、解説で「絶対」という表現は使わないようにしている。なぜなら「野球に絶対はない」と考えるからだ。ただし、野球には「そうなる確率がかなり高い現象」があることは間違いない。

たとえば、打者がストレートにすごくいい反応をしているときは、150キロ超の速球でも簡単にさばける確率が高い。そういう場合には「インサイドのまっすぐは危険だと思うので、投げるんだったらボール球でしょう」という話し方になるわけだ。

そうコメントした直後、投手がど真ん中に投げて打たれないこともある。野球とはそういうものだ。打者のタイミングが合わなかったら、ホームランボールがシングルヒットにもポップフライにもゴロのアウトにもなる。だからこそ野球は面白い。

データは確率だ。同じように、投手や打者の心理の話も確率でしかない。たとえば、こういうカウントではこういう球が多い、というのも確率を述べているだけだ。

野球のすべてに対して、あらかじめ用意された「答え」はない。こうすれば100％勝てる、打てる、抑えられるという答えがないにもかかわらず、答えを見つけ出そうとして、監督やコーチも選手も必死で頑張っている。

野球は人対人のゲームである以上、こうやればこうなる確率100％という絶対がない。どこの球団も勝つときもあれば、負けるときもある。全部の答えがわかっていたら、全勝する球団が出てくるだろう。

野球には絶対がないから何が起こるかわからない。やってみないと勝つか負けるかわからない。だからこそ野球は楽しいし、面白いのだ。

1人の投手対9人の打者、だから難しい

試合中、マウンドに立っている投手は常に1人だ。一方、打者はバッターボックスに入れるのは1人だが、9人で1人の投手を打つかたちになっている。1人が投げて9人が順番に打つようなスポーツは野球以外にはない（ソフトボールは野球から派生、野球に近い球技

にクリケットやラウンダーズがある)。

投手が相手にするのは、同じ打者ではなくそれぞれ違う9人の打者だから、その配球は9人とも同じというわけにはいかない。長打狙いの強打者もいれば、ボール球に手を出さずにフォアボールを狙う打者もいる。得意・苦手な球種やコースも異なる。

つまり、投手対打者の勝負は1対1ではなく、1対9の勝負とも言えるのだ。しかも1球ごとに1打席ごとにそれぞれの打者の意図は変わる。単純に見えて、じつは非常に複雑な勝負が繰り広げられているからこそ野球は楽しいし、難しいのだ。

多すぎる情報とどう向き合うのか

私が小学生の頃は、速い球を投げる子どもは少なかった。今のようにYouTubeなどの情報があったら、もっとそういう子が多かったかもしれない。

私の場合、大人にピッチングフォームを教えてもらったこともない。今の少年野球チームのように、きちんと大人のコーチから指導を受けていたら、もっといい投げ方が身についていたかもしれない。

私のコーチは『週刊ベースボール』に載っているプロ野球選手の分解写真だった。それを見て、自分なりに腕の上げ方や下半身の使い方の真似をした。大きな鏡もなかったから、自分の影を見ながらシャドーピッチングをしていた。

今の小学生は、スマホで自分の映像をすぐ撮ってすぐ見ることができる。そうやって自分の体の動きを確認して、いろいろと修正していくことは、技術を伸ばす手段として有効だ。私は影の映像だから細部までは確認できなかった。しかし、ある程度は自分の動きを確認できたし、修正することもできていた。

今の小学生と昔の小学生と、そもそも環境がまったく違う中で育っているので比べようもないが、今の子どもたちがうらやましいと思う反面、あまりにも情報量が多すぎて取捨選択が難しいのではないかと感じる。

私の小学生の頃を振り返ると、情報がなかったからこそ、目の前にあるものを信じて自分で練習することができたのだろう。頼りは『週刊ベースボール』だけだった。今週の分解写真がピッチャーだったらシャドーピッチングをし、バッターだったら影を見ながら素振りをした。その繰り返しで野球の体の動きを覚えていった。もちろん、それしか練習方法がなかったのだから、それがよかったとは言いきれないのだが。

40歳まで野球が嫌いだった

私は現役時代、ずっと野球が嫌いだった。好きになったのは40歳を過ぎてから。それまでは苦しくてしょうがなかった。

40歳を過ぎたとき、野球のために自分の生活のリズムが全部でき上がっていることに、はっと気がついて、「ひょっとしたらオレ、野球好きかもしれない」と思うようになった。

プロ野球選手は苦しいことしかない。優勝しても喜びは一瞬で、その後はまた苦しいことが続く。オフの練習も自主トレもキャンプもそうだ。シーズン中に投げて打たれたら苦しい。試合に勝った喜びも一瞬だけだ。

その繰り返しの中で、お金を稼いで生きていくために必死だった。私は結婚するまでハチャメチャだった。よく飲み歩いて体も壊しかけていた。結婚したおかげで真面目に野球に取り組むようになって、子どもができて、さらに真面目になった。

私の家は貧乏で、お金のかかることはやらせてもらえなかったし、欲しいものを買ってもらえなかった。だから、若い頃から自分が父親になったら子どもには何でも買ってやろうと思っていた。

もちろん、「ハングリー精神」だけが人を強くするものではない。楽しみながらでもいろいろ工夫することで人は強くなれる。ただ、私のような性格の人間がプロ野球の世界で生き残っていくためには、ハングリー精神が大事だっただけなのだろう。

プロ野球選手のモチベーションはいろいろある。今の時代、私のようなハングリー精神タイプは少なくて、「楽しみたい」タイプが多い印象だ。

その選手にはその選手に合った練習法があり、取り組み方がある。10人いたら10通り、100人いたら100通りというだけの話だ。だから私は「ハングリー精神がないから、上手くならないんだよ」とは、まったく思わない。

おわりに

私は監督時代、選手のコンディションのことを最優先に考えていた。選手には現役を1年でも長く続けてほしいからだ。

プロ野球選手は、野球をやっているときが一番楽しい。これが29年間、47歳まで現役を続けた私の実感だ。

私の場合、20代は勢いだけで無我夢中で野球をしていたから、楽しいどころか、むしろ苦しいだけだった。30歳を過ぎてから、ようやく一つ一つ落ち着いて野球に取り組めるようになった。30代後半には視野も広がってきた。その中で野球への取り組み方を考え直し、自分の体と会話をしながらトレーニングなども行うようになった。そして40代には、若い頃とはまた違った野球の魅力、野球の奥深さ、現役を続けることの意義などに気づき、心の底から野球が楽しいと思えるようになった。

そういう経験があればあるほど、現役が終わってからいい監督やコーチになれると思う。だからこそ選手たちには現役を可能な限り長く続けて、いろいろな経験をしてほしい。

私は晩年、横浜ベイスターズと埼玉西武ライオンズで4年間リリーフをやった。そのおかげでリリーフ投手の気持ちやゲーム中に肩をつくる大変さ、連投することの難しさなどを知ることができた。

たとえば、リリーフ投手は登板すればするほど、どんどん疲労が溜まっていく。しかし、自分ではそれに気がつきにくい。ようやく疲労に気づいて登板間隔を開けてもらったとしてもなかなか抜けない。疲労を溜めないように自分なりに日々の疲れを抜くルーティンをつくろうとするが、これも簡単ではない。

この経験があったから監督時代、リリーフ投手が自分のコンディションを維持しやすいように、ある程度のルーティンを作れるようにした。先発だけで現役を終わっていたら、こうした配慮はできなかっただろう。

経験の積み重ねは必ず将来に生きてくると私は信じている。しかも厚みがあればあるほどいいと思う。だから20代の選手には「もう30代で引退してもいい」などと思ってほしくない。そこからさまざまな野球の奥深さが見えてくるし、また違った野球の楽しみ方を見つけることができる。

現役を長く続ける選手が一人でも多く増え、引退後、後世に野球の魅力をどんどん伝えていってくれることを願っている。


世の中は過去の経験から学びを得て少しずつよくなっていく。

その過程で、科学的な知見が加わり、「こうすればいい」という事柄がいろいろと見えてきて、今に至っている。

過去の経験や学びの中には、科学的に否定されたものだけではなく、「やっぱりそうだったのか」と、その正しさが証明されたものもたくさんある。

野球も同じはずだ。しかし、昔の選手たちがやっていた野球は「古い」と言われ、「間違っていた」と言われがちだ。先輩たちの野球は「古い」に決まっている、昔なのだから。それでも「正しい」ことがたくさんある、ということを忘れてはならない。

また、先輩たちによって野球が人気スポーツとなった、という歴史も忘れてはならない。その先輩たちの姿を見た子どもたちが野球をやって、新たなプロ野球選手となり、また野球人気を牽引していく。プロ野球はその繰り返しなのだ。

昔の野球も今の野球も、同じようにリスペクトすべきものであることに変わりはない。

2024年12月　工藤公康

工藤公康　くどう・きみやす
1963年愛知県生まれ。1982年名古屋電気高校（現・愛工大名電高校）を卒業後、西武ライオンズに入団。以降、福岡ダイエーホークス、読売ジャイアンツ、横浜ベイスターズなどに在籍し、現役中に14度のリーグ優勝、11度の日本一に輝き優勝請負人と呼ばれる。実働29年プロ野球選手としてマウンドに立ち続け、2011年正式に引退を表明。最優秀選手（MVP）2回、最優秀防御率4回、最高勝率4回など数多くのタイトルに輝き、通算224勝を挙げる。2016年には野球殿堂入り。福岡ソフトバンクホークスの監督在任中の2015年から2021年までの7年間で、5度の日本シリーズ制覇。2020年監督在任中ながら筑波大学大学院人間総合科学研究科体育学専攻を修了。体育学修士取得。2022年4月より同大学院博士課程に進学、スポーツ医学博士取得に向け研究や検診活動を行う。

朝日新書
983
数字《すうじ》じゃ、野球《やきゅう》はわからない

2025年1月30日第1刷発行

著　者　工藤公康

発行者　宇都宮健太朗
カバーデザイン　アンスガー・フォルマー　田嶋佳子
印刷所　TOPPANクロレ株式会社
発行所　朝日新聞出版
〒104-8011　東京都中央区築地5-3-2
電話　03-5541-8832（編集）
　　　03-5540-7793（販売）

Published in Japan by Asahi Shimbun Publications Inc.
ISBN 978-4-02-295298-1
定価はカバーに表示してあります。

落丁・乱丁の場合は弊社業務部(電話03-5540-7800)へご連絡ください。
送料弊社負担にてお取り替えいたします。

死の瞬間
人はなぜ好奇心を抱くのか

春日武彦

人はなぜ最大の禁忌〝死〟に魅了されるのか？その鍵は「グロテスク」「呪詛」「根源的な不快感」にある。精神科医である著者が、崇高でありつつも卑俗な魅力を放つ〝死〟にひかれてしまう複雑な心理を、小説や映画の読解を交えて分析。

限界の国立大学
法人化20年、何が最高学府を劣化させるのか？

朝日新聞「国立大の悲鳴」取材班

国立大学が法人化されて20年。この転換とその後の政策は大学にどんな影響を及ぼしたのか。朝日新聞が実施した学長と教職員へのアンケートに寄せられたのは悲鳴に近い声だった。東大の学費値上げの背景など国立大学で起きている真相に迫る。

遺伝子はなぜ不公平なのか？

稲垣栄洋

なんの結果も出せないとき、自分の努力不足や能力のなさを呪ってはいけない。それは全部遺伝子のせいだ。あなたの存在は、進化の過程で生き残ってきた優秀な遺伝子にほかならない。懸命に生きるあなたへ贈る、植物学者からの渾身の努力論。

底が抜けた国
自浄能力を失った日本は再生できるのか？

山崎雅弘

専守防衛を放棄して戦争を引き寄せる政府、悪人が処罰されない社会、「番人」の仕事をやめたメディア、不条理に従い続ける国民。自浄能力が働いていない「底が抜けた」現代日本社会の病理を、各種の事実やデータを駆使して徹底的に検証！

蔦屋重三郎と吉原
蔦重と不屈の男たち、そして吉原遊廓の真実

河合　敦

蔦重は吉原を基点に、黄表紙や人情本、浮世絵など次々と大ヒットを生み出した。いっぽう幕府による弾圧にもめげず、歌麿や写楽に大首絵を描かせたり、政治風刺の黄表紙を出版するなど、反骨精神あふれる蔦重の生涯を天才絵師・戯作者たちと共に描く。

脳を活かす英会話
スタンフォード博士が教える超速英語学習法

星　友啓

世界の英語の99・9％はナマッている。だからこそ脳の欲求の赴くままに自分なりの英語で世界と遊べ！　脳科学や心理学、AI時代のアイテムを駆使して、コスパ良く楽しくネイティブと話せる術をスタンフォード・オンラインハイスクール校長が伝授。

子どもをうまく愛せない親たち
発達障害のある親の子育て支援の現場から

橋本和明

「子どもには愛情を」。児童相談所の一言が、なぜ虐待を加速させたのか？　発達障害のある親は育児で大変な苦労をすることがある。虐待やネグレクトが起きてしまう実態と対策を、豊富な実例とともに紹介。子育ては愛情ではなく技術である。

ほったらかし快老術
90歳現役医師が実践する

折茂　肇

元東大教授の90歳現役医師が自身の経験を交えながら、快い老い方を紹介する一冊。たいていのことはほったらかしでよく、大切なのは生きがいと骨。落ち目同士で群れない、手抜きしないでオシャレをする…など10の健康の秘訣を掲載。